Découvrez l'histoire par les archives de presse

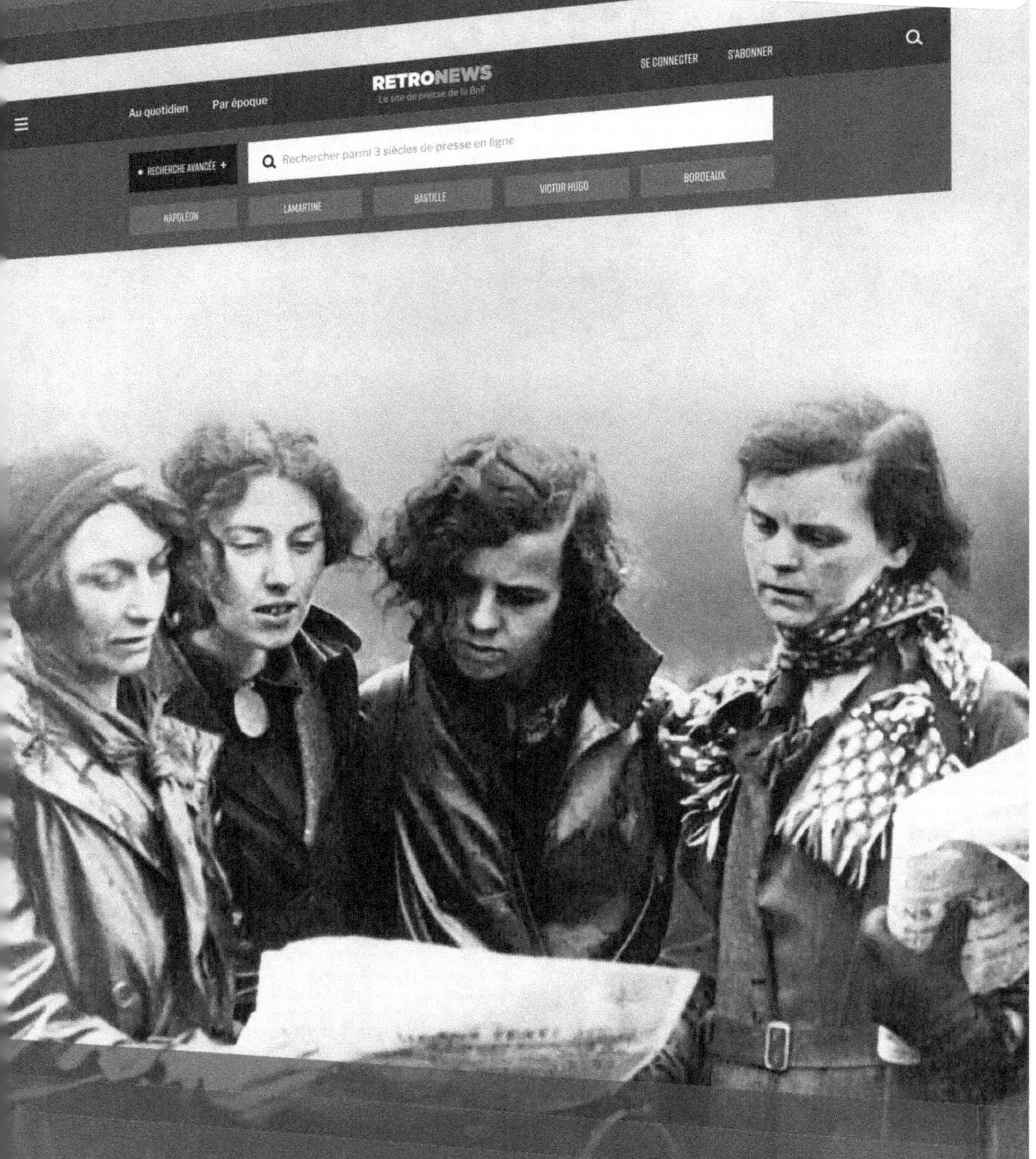

RETRONEWS

Le site de presse de la BnF

www.retronews.fr

ANNUAIRE

DÉPARTEMENTAL

DE LA

SOCIÉTÉ D'ÉMULATION

DE

LA VENDÉE

1871 — DIX-HUITIÈME ANNÉE

LA ROCHE-SUR-YON

L. GASTÉ, IMPRIMEUR DE LA PRÉFECTURE

—

1872

ANNUAIRE DE LA VENDÉE

LISTE GÉNÉRALE

DES MEMBRES

DE LA

SOCIÉTÉ D'ÉMULATION DE LA VENDÉE

BUREAU

Présidents d'honneur : { Mgr COLLET, ✽, évêque de Luçon.
 M. GAUJA, O. ✽, préfet.

MM.

Président, DE PUIBERNEAU, ✽, député.

Vice-Président, P. MARCHEGAY, ✽, membre non résidant du Comité historique.

Secrétaire-général, E. LEGRIP, chef de division à la préfecture de la Vendée.

Secrétaire-adjoint, N...

Trésorier, BIRAUD, libraire, à la Roche-sur-Yon.

SECTION D'AGRICULTURE

Président, PERVINQUIÈRE, ✽, juge de paix à la Roche-sur-Yon.

Secrétaire, BERTAULT, pharmacien, à la Roche-sur-Yon.

Secrétaire-adjoint, ALASONIÈRE, vétérinaire du Dépôt d'étalons.

SECTION D'HORTICULTURE

Président, MERLAND (Charles), conseiller de préfecture, à la Roche-sur-Yon.

Secrétaire, BIRAUD, libraire, à la Roche-sur-Yon.

SECTION DES LETTRES, SCIENCES ET ARTS

Président, P. MARCHEGAY, ✻.

Secrétaire, l'abbé BAUDRY, curé du Bernard, correspondant du Comité historique.

Secrétaire-adjoint, BALLEREAU (Léon), architecte, à Luçon.

———

MEMBRES HONORAIRES

MM.

Boby de la Chapelle, O. ✻, ancien préfet de la Vendée, fondateur de la Société d'Emulation.

Thierry (Amédée), C. ✻, membre de l'Institut, vice-président du Comité des travaux historiques et des Sociétés savantes, à Paris.

Nieuwerkerke (comte de), C. ✻.

Caumont (vicomte de), O. ✻, correspondant de l'Institut, à Caen.

Quicherat (Jules), ✻, professeur d'archéologie à l'Ecole des Chartes, à Paris.

Villegille (de la), ✻, secrétaire du Comité des travaux historiques et des Sociétés savantes, à Paris.

———

MEMBRES TITULAIRES RÉSIDANTS

MM.

Admyrault, ancien receveur des finances, à Fontenay.

Alasonière, vétérinaire du Dépôt d'étalons, à la Roche-sur-Yon.

Amelineau, propriétaire, à Bois-Lambert, commune du Bernard.

Audé (Eugène), propriétaire, au Paligny, commune de Tallud-Sainte-Gemme.

AUDÉ (Victor), propriétaire, à Réaumur.

AUGER, propriétaire, à Nalliers.

AUGER, membre du Conseil général, à Champagné.

AUGEREAU, curé du Boupère.

AUNEAU, propriétaire, à Bournezeau.

AYRAUD, vétérinaire, à Fontenay.

BAGE, propriétaire, à Vouvant.

BALLEREAU, architecte, à Luçon.

BASSETIÈRE (de la), propriétaire, à Saint-Julien-des-Landes.

BEJARRY (de), propriétaire, à Châteauroux, commune de Saint-Martin-Lars-en-Sainte-Hermine.

BEJARRY (Amédée de), à la Roche de Saint-Vincent-Puy-maufrais.

BERTAULT, pharmacien, à la Roche-sur-Yon.

BESSAY (Oscar de), propriétaire à la Boissière-des-Landes.

BESSAY (vicomte de), propriétaire, à Bessay.

BILLET, receveur-économe de l'hospice, à la Roche-s.-Yon.

BIRAUD, libraire, à la Roche-sur-Yon.

BITEAU, propriétaire, à Saint-Pierre-du-Chemin.

BITON, aumônier des écoles chrétiennes, aux Sables.

BIZIÈRE, instituteur, au Poiré-sur-Vie.

BLANPAIN, propriétaire, à Sigournais.

BOISMOREAU, instituteur public, à Pouzauges.

BONCENNE, juge au tribunal civil de Fontenay.

BONCENNE (Ernest), à Fontenay.

BONNIN, juge suppléant, à la Roche-sur-Yon.

BOUHIER, notaire, à Chantonnay.

BOUCHER, docteur-médecin, à Challans.

BOUILLAUD, propriétaire, à la Châtaigneraie.

BOURA, avoué, à la Roche-sur-Yon, adjoint au maire.

BOURMAUD, propriétaire, au Bernard.

BOURMAUD, notaire, aux Moutiers-les-Mauxfaits.

BOURNEAU, ✻, chef de bataillon en retraite, à la Roche-sur-Yon.

Boutetière (de la'), ✻, propriétaire, à Saint-Philbert-du-Pont-Charrault.

Brière, receveur des Douanes, à Saint-Hilaire-de-Riez.

Brunetière, juge au tribunal civil de Fontenay.

Buet, notaire, à la Roche-sur-Yon.

Buor (Alfred de), à Chaillé-sous-les-Ormeaux.

Buor (de), ✻, chef de bataillon en retraite, à la Roche-sur-Yon.

Cahors, professeur au Lycée de la Roche-sur-Yon.

Chaigneau (Félix), propriétaire, à Vouvant.

Chaigneau, ancien officier retraité, à Fontenay.

Chaillou (Louis), propriétaire, à la Chapelle-Palluau.

Chappot (Émile), propriétaire, à la Roche-sur-Yon.

Charpentier, archiprêtre, à Luçon.

Chassant, ancien pharmacien, à la Roche-sur-Yon.

Chauveau, curé, à Saint-Florent-des-Bois.

Chevallereau, propriétaire, membre du Conseil général, à Bois-Sorin, commune de Sainte-Pexine.

Cintré (comte Huchet de), à Treize-Vents.

Citoys (de), à Saint-Vincent-de-Puymaufrais.

Cireau, propriétaire, à Saint-Pierre-du-Chemin.

Clair, architecte du département, à la Roche-sur-Yon.

Clémenceau de la Loquerie, propriétaire, à Fontenay.

Clerc-Fieffranc, ancien notaire, à Palluau.

Commailleau (Auguste), propriétaire, à Avrillé.

Coquillaud, docteur-médecin, à Fontenay.

Coquillaud, propriétaire, à la Bonnelière, commune de Saint-Michel-Mont-Mercure.

Crosnier (Antoine), propriétaire, à Angles.

Darbon, agent-voyer inspecteur, à la Roche-sur-Yon.

Daviaud (Henri), à Rocheservière.

Davy, propriétaire, à Palluau.

Dehergne (Paul), à la Gaubretière.

Delamarche, receveur d'enregistrement en retraite, à la Roche-sur-Yon.

Delidon, notaire, à Saint-Gilles.

Dessassis, propriétaire, à Saint-Vincent-sur-Graon.

Dessoliès, principal du collége de Luçon.

Dingler, ingénieur des ponts et chaussées, aux Sables.

Duchaine, propriétaire et maire, aux Moutiers-les-Maux-faits.

Duchet, proviseur du Lycée, à la Roche-sur-Yon.

Dugast-Matifeux, propriétaire, à Montaigu.

Duroussy-Las-Casas, propriétaire, à Talmont.

Dutemps, propriétaire, à Pissotte.

Esgonnière, propriétaire, à la Roche-sur-Yon.

Espierre, ✽, ancien membre du Conseil gén¹, à Fontenay.

Fabvre, ancien payeur, à la Roche-sur-Yon.

Filaudeau, docteur-médecin, à la Roche-sur-Yon.

Fillon, homme de lettres, à Fontenay.

Fleurisson, propriétaire, à Saint-Hilaire-du-Bois.

Forestier, percepteur, à Sainte-Hermine.

Foucaud, ancien pharmacien, à la Roche-sur-Yon.

Gaillard, notaire, à Montaigu.

Gallet (Edouard), receveur des douanes, à la Barre-de-Monts.

Galliot, propriétaire, à Sainte-Radegonde-des-Noyers.

Garreau (du), propriétaire, à la Sicaudière, commune de Saint-Hilaire-du-Bois.

Gasté, imprimeur de la Préfecture, à la Roche-sur-Yon.

Gaudineau, président du Conseil général, à Luçon.

Gauly, propriétaire, à Manfray, commune de la Réorthe.

Gauvreau, docteur-médecin, à la Chaize-le-Vicomte.

GENET, percepteur, à Chantonnay.

GERMAIN, président du Consistoire, à la Chauvinière, commune de Monsireigne.

GHIDONE, typographe, à la Roche-sur-Yon.

GIBOTTEAU, juge de paix, à Palluau.

GILLAIZEAU, membre du Conseil général et maire, à Avrillé.

GIRARD, fabricant de papiers à Tiffauges.

GIRAUDEAU, percepteur, à Saint-Hilaire-des-Loges.

GODET, percepteur, à Péault.

GODET DE LA RIBOUÉLERIE, propriétaire, à l'Hermenault.

GOUÉ (de), vicaire, aux Lucs.

GOURAUD, docteur-médecin, à la Roche-sur-Yon.

GOURDIN, avocat, à la Roche-sur-Yon.

GOURRAUD, notaire honoraire, à Chavagnes-en-Paillers.

GOURRAUD, propriétaire, à la Bonnière-de-Mouchamps.

GRAÏZE (l'abbé), aumônier des Ursulines, à la Roche-s-Yon.

GRAU (Paul), architecte, à la Roche-sur-Yon.

GRELET, curé, à Avrillé.

GRIMOUARD DE SAINT-LAURENT, propriétaire, à Saint-Laurent-de-la-Salle.

GROLLEAU, propriétaire, à Saint-Gilles.

GRY, propriétaire, à Rochetrejoux.

GUILLEMÉ, pharmacien, à la Roche-sur-Yon.

GUISTHEAU, à l'Ile-d'Yeu.

GUSTIN, notaire, à Tiffauges.

GUITTON, notaire, à la Roche-sur-Yon.

GUITTON, juge au tribunal civil de la Roche-sur-Yon.

GUITTON (Gaston), à Paris.

HÉRAUD DE SAINT-PIERRE (Valère), typographe, à la Roche-sur-Yon.

HUVELIN, ✻, curé, archiprêtre de la Roche-sur-Yon.

JOLY (Napoléon), propriétaire, à Luçon.

JOUSSEAUMÉ, propriétaire, à Saint-Denis-la-Chevasse.

La Brière (de), ✻, trésorier-payeur général, à la Roche-sur-Yon.

La Montagne, curé, à Sainte-Foy.

La Poeze (de), ✻, propriétaire, à la Rabatelière.

Laval, propriétaire, à Fontenay.

Legras de Grandcourt, à Saint-Fulgent.

Legrip, chef de division à la préfecture de la Roche-s-Yon.

Lemaitre, inspecteur des contributions en retraite, à la Roche-sur-Yon.

Le Roux, propriétaire, adjoint au maire de la Roche-s-Yon.

Le Roux (Alfred), ✻, propriétaire, à Saint-Michel-en-l'Herm.

Lespinay (de), protonotaire apostolique, à Luçon.

Lézardière (de), propriétaire, au Poiroux.

Lhomme, curé de la Chaize-le-Vicomte.

Louis, professeur au Lycée de la Roche-sur-Yon.

Luce de Trémont, propriétaire, à Avrillé.

Majou de la Débuterie, à la Belotière, commune de Saint-Michel-Mont-Mercure.

Majou de la Débuterie, à Rochetrejoux.

Mandin, maître tanneur, à la Roche-sur-Yon.

Marchegay (Paul), membre du Comité historique, aux Roches-Baritaud, commune de Saint-Germain-de-Prinçay.

Marchegay (Félix), à Lousigny, commune de Saint-Germain-de-Prinçay.

Marchais, ancien notaire, à la Chapelle-Palluau.

Maynard de la Claye, propriétaire, à la Barre-de-Saint-Florent.

Messager, avoué, à la Roche-sur-Yon.

Mercier, avoué, à la Roche-sur-Yon.

Merland (Hippolyte), à la Roche-sur-Yon.

Merland (Charles), conseiller de préfecture, à la Roche-sur-Yon.

Mercerot, notaire, aux Herbiers.

Mervau, propriétaire, à Saint-Gilles.

MIGNONNÉAU, curé, à Nesmy.

MONTALEMBERT (de), propriétaire, à la Roche-sur-Yon.

MORLET, propriétaire, à la Roche-sur-Yon.

MORIN D'YVONNIÈRE, membre du Conseil général, propriétaire, au Poiré-sur-Vie.

MORINEAU (Léon), propriétaire, à Bournezeau.

MOUSSAC (de), propriétaire, à Venansault.

NOUHES DE LA CACAUDIÈRE (des), propriétaire, à Pouzauges.

NOUHES (Alexis des), à Saint-Fulgent.

PÉAUD (Constant), propriétaire, à la Chaize-le-Vicomte.

PERIER, maire de la Roche-sur-Yon.

PEROTTEAU, notaire, aux Lucs.

PERVINQUIÈRE, ✻, juge de paix, à la Roche-sur-Yon.

PERVINQUIÈRE, propriétaire, à Bazoges-en-Pareds.

PETIT, chef d'exploitation aux chemins de fer de la Vendée, à la Roche-sur-Yon.

PETITEAU, ✻, avocat, aux Sables.

PETITEAU, docteur-médecin, aux Sables.

PINSON (Lucien), curé, à Tiffauges.

PLANTIER, à Noirmoutier.

PONGERVILLE (de), ✻, ancien officier supérieur de cavalerie en retraite, à la Roche-sur-Yon.

PONSAY (de), propriétaire, à la Domengère de Nesmy.

PROUST, propriétaire, à Saint-Mesmin.

PUIBERNEAU (de), ✻, propriétaire et maire, à Fougeré.

RAMIER, propriétaire, à Mouzeuil.

RAUD, propriétaire, à Triaize.

RAYNAUD, propriétaire, à Aubigny.

REGAIN, notaire honoraire, aux Sablés.

REGNAULT-RIFFAUDIÈRE, à Apremont.

RÉMÉRAND, inspecteur de l'enregistrement, à la Roche-sur-Yon.

RENAUD, curé, à Saint-André-d'Ornay.

RETAILLEAU, conseiller de Préfecture, à la Roche-sur-Yon.

RIOU, docteur-médecin, à Challans.

ROBERT, propriétaire, aux Herbiers.

ROBERT, propriétaire, à Rocheservière.

ROBIN, ancien juge de paix, à Chaix.

ROCHEBRUNE (de), propriétaire, à Fontenay.

RODIER, percepteur, à Saint-Fulgent.

ROUSSE (Paul), docteur-médecin, à Fontenay.

ROUSSEAU, curé, à Croix-de-Vie.

ROUZEAU-GIRARDIÈRE, propriétaire et maire, à Mareuil.

SABOURAUD, membre du Conseil général, à Salidieu, commune de Bessay.

SAINTFERRÉOL (de), agent-voyer en chef, à la Roche-sur-Yon.

SALLÉ, propriétaire, aux Herbiers.

SAVIN (Edmond), propriétaire, à l'Herbergement.

SORY, ancien imprimeur, à la Roche-sur-Yon.

STAUB, desservant, à Saint-Maurice-des-Noues.

SURINEAU (de), propriétaire, à Saint-Vincent-sur-Graon.

SURVILLE, notaire, à la Roche-sur-Yon.

SURVILLE, avoué, à la Roche-sur-Yon.

TINGUY (de), à Beaupuy, commune de Mouilleron-le-Captif.

TINGUY (de), propriétaire, à Rocheservière.

TIREAU, avoué, aux Sables.

TREUTTEL, percepteur, à Sérigné.

VALETTE, propriétaire, à Fontenay.

VIGNERON, instituteur, à Saint-Gervais.

VOLLANT, membre du Conseil général, propriétaire, à Longèves.

MEMBRES TITULAIRES NON RÉSIDANTS

Mme

LA ROCHEJAQUELIN (comtesse de), née *de Duras*, à Saint-Aubin-de-Beaubigné (Deux-Sèvres).

MM.

BALLEREAU, architecte, à Paris.

BARBEAU, avocat, à Bressuire (Deux-Sèvres).

BARDY, ✽, conseiller à la Cour d'appel de Poitiers.

CAILLAUD (René), membre de la Société nationale zoologique d'acclimatation, à Paris.

CHAIGNEAU (Émile), ✽, ancien député de la Vendée.

CHARBEL, propriétaire, à Nantes.

DELHUMEAU (Gustave), élève peintre, à Nantes.

GRIMAUD (Émile), directeur de la *Revue de Bretagne et de Vendée*, à Nantes.

GUITTON (Gaston), statuaire, aux Ternes, à Paris.

HAMELIN, Chimiste, à Nantes.

LA TOUR DU PIN (baron de), conseiller général de la Vendée, propriétaire, à Nantes.

LECLERC, ingénieur, ✽, direct^r de la Société d'endiguement.

MERLAND (Emile), propriétaire, à Nantes.

MOURAIN DE SOURDEVAL, ✽, membre du Conseil général de la Vendée, à Tours.

PARENTEAU, propriétaire, à Nantes.

VILLEGILLE (de la), ✽, à Paris.

VIAUD-GRANDMARAIS, docteur et professeur de médecine, à Nantes.

MM. les Membres de la Société qui auraient des rectifications ou corrections à indiquer pour la prochaine liste, sont priés de vouloir bien les adresser, avant le 1er décembre, à M. E. Legrip, secrétaire-général de la Société d'Émulation, rue Lafayette, à la Roche-sur-Yon.

SOCIÉTÉS SAVANTES

AVEC LESQUELLES CORRESPOND LA SOCIÉTÉ D'ÉMULATION

DE LA VENDÉE

Sociétés séant à Paris

1. Comité national des travaux historiques et des Sociétés savantes.
2. Académie des inscriptions et belles-lettres.
3. Société de l'histoire de France.
4. Société des antiquaires de France.
5. Société de l'École des Chartes.
6. Institut des provinces.
7. Société centrale d'agriculture.
8. Société nationale et centrale d'horticulture.
9. Société nationale d'acclimatation.
10. Société protectrice des animaux.

Sociétés départementales

11. Société des antiquaires de Normandie, à Caen.
12. Société française pour la conservation et la description des monuments historiques, à Caen.
13. Société d'agriculture, sciences, arts et belles-lettres d'Indre-et-Loire, à Tours.
14. Société archéologique de Touraine, à Tours.
15. Société académique de la Loire-Inférieure, à Nantes.
16. Société archéologique de la Loire-Inférieure, à Nantes.
17. Société académique d'Angers.
18. Société industrielle d'Angers.
19. Société de statistique du département des Deux-Sèvres, à Niort.
20. Société des antiquaires de l'Ouest, à Poitiers.
21. Société d'horticulture de Fontenay-le-Comte (Vendée).
22. Société d'agriculture des Deux-Sèvres, à Niort.

COMICES AGRICOLES

DU DÉPARTEMENT

1871

ARRONDISSEMENT DE LA ROCHE-SUR-YON

COMICE AGRICOLE DE CHANTONNAY

(Fondé le 2 novembre 1851.)

Composition du bureau : MM. de Béjarry, à la Roche de Saint-Vincent-Puymaufrais, *président;* Querqui, au Puybelliard, *vice-président;* Guilbaud, à la Touche de Saint-Germain-le-Prinçay, *secrétaire;* Forgeau, à Chantonnay, *trésorier.*

Les primes ont été réparties ainsi qu'il suit, en 1871, au mois de mai :

1re SÉRIE. — PLAINE. -- *Six concurrents.*

1er PRIX, 50 fr. M. Vincendeau, Auguste, aux Gabardières;
2e — 30 fr. M. Bridonneau, Pierre, au Puybelliard.

2e SÉRIE. — BOCAGE. — *Cinq concurrents.*

1er PRIX, 50 fr. M. Potet, au Plessis; 2e — 30 fr. M. Vincendeau, Pierre, à l'Achénaud; Mention honorable, M. Jousseaume, à la Villeneuve.

Encouragements aux éleveurs.

Taureaux.

1er. PRIX, 40 fr. M. Péquin, aux Roches; 2e — 30 fr. M. Journeau, à Beignelay; 3e — 25 fr. (Réservé); 4e — 20 fr. M. Vincendeau, Pierre, à l'Achenaud; 5e — 15 fr. M. Vincendeau, Augustin, aux Gabardières.

Vaches de trois à cinq ans.

1er PRIX. 20 fr. M. Blanpain, à Sigournais; 2e — 15 fr. M. Vincendeau, Augustin, aux Gabardières; 3e — 10 fr. (Réservé).

Vaches de deux à trois ans.

1er PRIX, 30 fr. M. Blanpain, à Sigournais; 2e — 20 fr. (Réservé); 3e — 10 fr. M. Vincendeau, Augustin, aux Gabardières.

Génisses de un à deux ans.

1er PRIX, M. Querqui, au Puybelliard; 2e — 25 fr. M. Journeau, à Beignelay; 3e — 20 fr. M. Douteau, à Dinchin.

Génisses de l'année.

1er PRIX, 25 fr. M. Vincendeau, Auguste, aux Gabardières; 2e — 15 fr. (Réservé).

Veaux de l'année.

1er PRIX, 30 fr. M. Gaboriau, aux Roches; 2e — 25 fr. (Réservé); 3e — 20 fr. M. Vincendeau, Pierre, à l'Achenaud; 4e — 15 fr. (Réservé).

Lots de Brebis.

PRIX UNIQUE. 25 fr. M. Braud, à la Lande.

Béliers.

PRIX UNIQUE. 20 fr. M. Braud, à la Lande.

Verrats.

PRIX UNIQUE. 20 fr. M. Ouvrard, au Révètison.

Montant total des primes distribuées . . . . . 635 fr.

COMICE DE SAINT-FULGENT

(Reconstitué en 1861.)

Membres du Bureau : MM. Alexis des Nouhes, propriétaire, à Saint-Fulgent, *président ;* Charles Leroux, maire de Chauché, *vice-président ;* Ernest de Puitesson, propriétaire, à Chauché, *secrétaire ;* Célestin Batiot, maire de Saint-Fulgent, *trésorier.*

Les primes de 1871, accordées par ce Comice, ont été réparties ainsi qu'il suit :

1re DISTRIBUTION. — (9 JUILLET 1871.)

Taureaux.

1er PRIX. Fonteneau, propriétaire, au Coudrais, commune de Saint-André-Treize-Voies, 40 fr.; 2e — Seiller, propriétaire, à la Porcelière, 35 fr.; 3e — Millasseau, fermier au château de Saint-Fulgent, 30 fr.; 4e — Jard, fermier, commune de Chauché, 30 fr.; 5e — Millasseau, fermier, au Coudrais, commune de Saint-André, 25 fr.; 6e — Fonteneau, à la Boutinière, commune de Saint-André, 25 fr.; 7e — Charrier, fermier, commune de Chauché, 20 fr.

Génisses.

1er PRIX. Jobard, à la Brossière, commune de Saint-André, 35 fr.; 2e — Poirier, à la Salette, commune de Saint-Fulgent, 30 fr.; 3e — Charrier, fermier, commune de Chauché, 25 fr.; 4e — Groleau, propriétaire, à la Dalle, commune de Saint-Fulgent, 25 fr.; 5e — Arrivé, propriétaire, commune de Chauché, 21 fr.

Vaches suitées.

1ᵉʳ PRIX. Groleau, propriétaire, à la Dalle, commune de Saint-Fulgent, 30 fr.; 2ᵉ — Coulon, fermier, au Plessis, commune de Saint-Fulgent, 25 fr.; 3ᵉ — Météreau, fermier, à la Porcelière de Saint-André, 20 fr.; 4ᵉ — Mandin, fermier, au Coudrais, commune de Saint-André, 20 fr.

Pères, mères d'enfants, valets de ferme.

1ᵉʳ PRIX. Charpentier, forgeron, à la Brossière, commune de Saint-André, 30 fr.

TOTAL de la 1ʳᵉ distribution . . . . 466 fr.

2ᵉ DISTRIBUTION. — (7 DÉCEMBRE 1871.)

Taureaux.

1ᵉʳ PRIX. — Arnoux, fermier, à la Roche, commune de Saint-Fulgent, 30 fr.; 2ᵉ — Jeannière, commune de Chauché, 25 fr.

Génisses.

1ᵉʳ PRIX. Jaud, propriétaire, à la Croupière, commune de Saint-Fulgent, 25 fr.

Vaches suitées.

1ᵉʳ PRIX. Coulon, fermier, au Plessis, commune de Saint-Fulgent, 20 fr.

TOTAL de la 2ᵉ distribution. . . . . 100 fr.

RÉCAPITULATION :

1ʳᵉ Distribution. . . . . 466 »

2ᵉ Distribution. . . . . 100 »

TOTAL distribué . . . . . 566 »

COMICE AGRICOLE DES HERBIERS

(Fondé en 1845.)

Composition du bureau : MM. de Suyrot, propriétaire, à Chambretaud, *président ;* Sallé, propriétaire, aux Herbiers, *secrétaire ;* Pilastre, propriétaire, à Mouchamps, *trésorier.*

Les primes ont été réparties ainsi qu'il suit en 1871, mois d'août :

Taureaux de deux ans.

3ᵉ PRIME. 30 fr. à M. Rondeau, demeurant aux Herbiers ; 4ᵉ — 25 fr. à M. Auvinet, demeurant aux Landes-Genussons.

Génisses de deux ans.

1ʳᵉ PRIME. 35 fr. à M. Lelièvre, aux Herbiers ; 2ᵉ — 30 fr. à M. Richard, à la Barotière ; 3ᵉ — 25 fr. à Mᵐᵉ Simon, aux Herbiers ; 4ᵉ — 20 fr. à M. Soullard, Pierre, aux Herbiers ; 5ᵉ — 15 fr. à M. Gaboriau, à la Gaubretière ; 6ᵉ — 10 fr. à M. Soullard, à la Gaubretière.

Béliers.

1ʳᵉ PRIME. 20 fr. à M. Roussière, commune des Herbiers ; 2ᵉ — 15 fr. à M. Hullin, commune de Saint-Aubin-des-Ormeaux ; 3ᵉ — 12 fr. à M. Lucas, commune de Beaurepaire ; 4ᵉ — 10 fr. à M. Guimbretière, à Saint-Aubin-des-Ormeaux ; 5ᵉ — 10 fr. à M. Béranger, commune de Saint-Martin ; 6ᵉ — 10 fr. à M. Minèau, commune des Herbiers.

Montant total des primes distribuées ..... 267 fr.

COMICE AGRICOLE DU POIRÉ-SUR-VIE

Composition du bureau : M. Morin-d'Yvonnière, *président ;* M. X... *vice-président ;* M. Bizière, Auguste, instituteur communal, *trésorier ;* M. X... *secrétaire.*

LAURÉATS DE 1871.

Taureaux du canton, d'un an à deux ans inclusivement.

Nauleau, Pierre, à la Boutière du Poiré-sur-Vie, 60 fr.; Chevoleau, Pierre, à la Simotière d'Aizenay, 45 fr.; Robreteau, François, aux Groix du Poiré-sur-Vie, 35 fr.; Gauvrit, Jean, à la Métairie du Poiré-sur-Vie, 25 fr.

Taureaux du canton, d'un an et au-dessous, non allaités.

Gauvrit, Jean, à la Métairie du Poiré-sur-Vie, 60 fr.; Chevoleau, Jean, cultivateur, à la Salle d'Aizenay, 45 fr.; Gauvrit, Pierre, à Pont-de-Vie du Poiré-sur-Vie, 35 fr.; Bessonnet, François, à Bonnefond d'Aizenay, 25 fr.

Taureaux de l'arrondissement, d'un an à deux ans.

Remaud, François, à la Jaunière de la Roche-sur-Yon, 90 fr.; Rambaud, cultivateur, à Ricordeau de la Chaize, 70 fr.; Nauleau, Pierre, à la Boutière du Poiré-sur-Vie, 45 fr.

Taureaux de l'arrondissement, d'un an et au-dessous.

Brochet, Camille, à Saint-Marc de la Chaize-le-Vicomte, 80 fr.; Rambaud, Auguste, à Ricordeau de la Chaize-le-Vicomte, 60 fr.; Drapeau, Jacques, aux Grand'Maisons de la Chaize-le-Vicomte, 40 fr.

Vaches du canton, pleines ou allaitant leur suite de l'année.

Guillet, Jean, à la Chauchetière du Poiré-sur-Vie, 50 fr.; Remaud, Pierre, à la Bazerière, commune d'Aizenay, 40 fr.; Remaud, Louis, à la Raymondière du Poiré-sur-Vie, 35 fr.; Girard, Pierre, cultivateur, au Pont-Beaulieu de Belleville, 25 fr.; Arnaud, Pierre, à la Maison-Neuve du Poiré-sur-Vie, 25 fr.; Grollier, Louis, à la Blélière du Poiré-sur-Vie, 20 fr.; Aubret, Constant, à la Genétouze, 20 fr.

Génisses du canton, de un an à deux ans.

Guilloton, Jean, bordier, à Aizenay, 35 fr.; Girard, Pierre, au·Pont-Beaulieu de Belleville, 30 fr.; Chevoleau, Jean, cultivateur, à la Salle d'Aizenay, 25 fr.; Guibert, Louis, cultivateur, à Belleville, 25 fr.; Bessonnet, Pierre, à Bonnefond d'Aizenay, 20 fr ; Gauvrit, Pierre, à Pont-de-Vie, commune du Poiré, 20 fr.; Nauleau, Pierre, à la Boutière du Poiré-sur-Vie, 15 fr.; Buton, Pierre, à la Maison-Neuve du Poiré-sur-Vie, 15 fr.

Race ovine. — Béliers élevés dans le canton.

Guillet, Jean, cultivateur, à la Chauchetière du Poiré-sur-Vie, 15 fr.; Guiet, Pierre, cultivateur, à Pierre-Levée d'Aizenay, 10 fr.

Aux plus belles agnelles élevées dans le canton (4 au moins).

Guillet, Jean, cultivateur, à la Chauchetière du Poiré-sur-Vie, 15 fr.; Bessonnet, Pierre, à Bonnefond d'Aizenay, 10 fr.

Aux domestiques de propriétaires n'ayant que des mentions honorables.

Piffeteau, Victor, domestique de M. Neveu, à Aizenay, 5 fr.; Bouron, Joseph, domestique de M. Barreteau, au Poiré-sur-Vie, 5 fr.

ARRONDISSEMENT DE FONTENAY-LE-COMTE

COMICE DE POUZAUGES

CONCOURS DE 1871. — (21 DÉCEMBRE.)

Composition du Bureau : MM. Naud, juge de paix, *président ;* Des Nouhes, père, *vice-président ;* G.-B. Jacquet, *trésorier ;* G. Thevin, *secrétaire.*

PRIMES DISTRIBUÉES.

Espèce bovine.

1ᵉʳ Prix. 125 fr., pour la meilleure paire de bœufs du concours, au sieur Perrin, fermier, à la Morinière, commune de Montournais ; 2ᵉ — 115 fr. au sieur Liaigre, fermier, à la Baffrie, commune de Montournais ; 3ᵉ — 95 fr. au sieur Lumineau, métayer, à Loudrière, commune de Saint-Mesmin ; 4ᵉ — 85 fr. au sieur Auguin, fermier, à la Grossetière, commune de Pouzauges ; 5ᵉ — 75 fr. au sieur Grelet, fermier, à la Vrignière, commune du Boupère ; 6ᵉ — 65 fr. au sieur Charrier, fermier, à Lurtaudière, commune du

Boupère ; 7e — 55 fr. au sieur Bélaud, fermier, à la Frelonnière, commune de Pouzauges; 8e — 50 fr. au sieur
Poupin, fermier, à la Grande-Barre, à Pouzauges ; 9e —
50 fr. au sieur Barbarit, fermier, à la Brunière, commune
de la Flocellière ; 10e — 40 fr. au sieur Giraud, fermier, à
Loudrière, commune de la Flocellière ; 11e — 40 fr. au
sieur Manceau, fermier, à la Jouffraire, commune de la
Meilleraye.

Vaches.

1er PRIX. 35 fr. au sieur Tineau, fermier, à Monsireigne ;
2e — 30 fr. au sieur Bélaud, déjà nommé, fermier, à la
Frelonnière, commune de Pouzauges ; 3e — 25 fr. au sieur
Huvelin, propriétaire, à la Baudrière, commune du Boupère.

Espèce ovine.

1er PRIX. 25 fr. au sieur Guicheteau, fermier, à la Sami-
nière, pour le meilleur lot de moutons gras ; 2e — 20 fr.
au sieur Gonnord (Bazile), cultivateur, au Vieux-Bourg,
commune de Pouzauges ; 3e — 10 fr. au sieur Sarrazin,
fermier, aux Écluses, commune de Pouzauges ; 4e — 10 fr.
au sieur Bécot, métayer, à Monsireigne ; 5e — 5 fr. au sieur
Pailloux, fermier, au Coteau, commune de Pouzauges.

Espèce porcine.

1er PRIX. 25 fr. au sieur Bazile Gonnord, pour les deux
meilleurs cochons gras du concours ; *Mention honorable* à
M. Gourin, propriétaire et maire de Pouzauges, pour un
joli couple de cochons Berkshire-Craonais, et une gratifica-
tion de 5 fr. à sa domestique ; 2e — 10 fr. au sieur
Guicheteau, fermier, à l'Abbaye-Rambaud, commune de
Pouzauges.

TOTAL des primes distribuées . . . . . 995 fr.

ARRONDISSEMENT DES SABLES-D'OLONNE

COMICE DE CHALLANS ET PALLUAU

(Fondé en 1840.)

Composition du Bureau : MM. Grolleau, Victor, à Saint-Christophe, *président ;* Nepveu, Prosper, régisseur, à Challans, *vice-président ;* Boucher, Théophile, propriétaire, *secrétaire ;* Chaillou, Aimé, *trésorier.*

Les Primes ont été réparties ainsi qu'il suit :

(10 Octobre 1871.)

Bonne tenue.

Exploitations les mieux dirigées dans leur ensemble.

1er Prix. Jarny, François, colon, à Saint-Christophe, 35 fr.; 2e — Monnier, Joseph, à Froidfond, 30 fr ; 3e — Gautier, Louis, à Challans, 28 fr.; 4e — Jarny, François, à Apremont, 25 fr.; 5e — Jolly, Jacques, à Sallertaine, 22 fr.; 6e — Martin, Pierre, à Sallertaine, 20 fr.

Plantes fourragères.

1er Prix. Jolly, Joseph, colon, à Challans, 25 fr.; 2e — Renaud, Jean, à Bois-de-Céné, 22 fr.; 3e — Gratton, Jean, à la Garnache, 20 fr.; 4e — Briand, Joseph, colon, à Froidfond, 18 fr.; 5e — Voisin (veuve), à Challans, 16 fr.; 6e — Orseau, Pierre, à Saint-Christophe, 14 fr.; 7e — Boutelier, à Saint-Christophe, 14 fr.; 8e — Guilbaud, Louis, à Saint-Christophe, 12 fr.; 9e — Ferré, Jacques, 12 fr.

Prairies artificielles.

1er Prix. Briand, Joseph, déjà nommé, 22 fr.; 2e — Arnaud, Pierre, à Apremont, 20 fr.; 3e — Renaud, Pierre, à Sallertaine, 18 fr.

AMÉLIORATION DE L'ESPÈCE BOVINE

A. *Pour les plus beaux taureaux, race de Bocage.*

1er Prix. Briand, Joseph, 75 fr.; 2e — Picard, Jacques, à Falleron, 65 fr.; 3e — Jarny, François, à Saint-Christophe, 60 fr.

B. *Pour les plus beaux taureaux, race du Marais.*

1er Prix (Unique). Vrignaud, Jacques, à Sallertaine, 50 fr.

C. *Pour les plus belles vaches avec leur suite,*
race du Bocage.

1er Prix. Giraudeau, Jean, colon, à la Garnache, 20 fr.; 2e — Guilbaud, Louis, déjà nommé, 18 fr.

D. *Pour les plus belles vaches, race pure du Marais ou croisée avec la race Durham, avec leur suite.*

1er Prix. Vrignaud, Jacques, déjà nommé, 15 fr.; 2e — Jolly, Joseph, déjà nommé, 15 fr.

Total des primes. . . . . 691 fr.

COMICE DE SAINT-GILLES-SUR-VIE

(Fondé en 1842.)

Membres du Bureau : MM. Mervau, propriétaire, à Saint-Gilles-sur-Vie, *vice-président ;* Messager, avoué, à la Roche-sur-Yon, *secrétaire ;* Roy, *trésorier.*

Les Primes ont été réparties ainsi qu'il suit, en 1871 :

Races Parthenaises.

1ᵉʳ Prix. Guilbaud, du Vivier, pour un taureau d'un an, 22 fr.; 2ᵉ — Goulpeau, de la Chopinière, 18 fr.; 3ᵉ — Penaud, de la Guesdonnière, 16 fr.; 4ᵉ — Fradet, du Château, 12 fr.; 5ᵉ — Pilet, Henri, de la Roche, 12 fr.; 6ᵉ — Barbaud, de la Bruère, 12 fr.

Races croisées.

1ᵉʳ Prix. Bouteiller, au Pas-Opton (taureau d'un an), 15 fr. 17; 2ᵉ — Elineau, de la Parconnière, 15 fr.

Races maraîchines et croisées. — Taureau d'un an.

1ᵉʳ Prix. Vrignaud, des Hommeaux, 20 fr.; 2ᵉ — Bernard, des Roselières, 16 fr.; 3ᵉ — Nauleau, du Coin-de-Bourse, 14 fr.

Taureaux de deux ans.

1ᵉʳ Prix. Guyon, de la Masnière, 20 fr.; 2ᵉ — Bernard, de Pré-aux-Bœufs, 16 fr.; 3ᵉ — Bernard, de la Prévôté, 14 fr.

Génisses d'un an.

1ᵉʳ Prix. Guilbaud, du Vivier, 10 fr.; 2ᵉ — Roy, de Saint-Gilles, 8 fr.

Total des primes.. . . . . 240 17

COMICE DE LA MOTHE-ACHARD

(Fondé en 1842.)

Membres du Bureau : MM. Henri de la Bassetière, père, *président;* De la Roche-Saint-André, à la Forêt, *secrétaire;* Cornuau, à la Mothe-Achard, *trésorier.*

Les Primes ont été réparties comme il suit, en 1871 :

(26 mars, 30 septembre, 26 octobre.)

Taureaux reproducteurs, race de Parthenay.

1er Prix. Rocheteau, à la Cossonière, 30 fr.

Taureaux du pays, de 15 à 30 mois.

1er Prix. Praud, à la Templerie de Vairé, 20 fr.; 2e — Pouclet, de la Petite-Marière (Vairé), 15 fr.; 3e — Gaudin, de Saint-Georges, 10 fr.; 4e — Boursereau, du fief Forget, 10 fr.

Taureaux du pays, de 10 à 15 mois.

1er Prix. Bourget, à la Prolinière, 20 fr.; 2e — Gaudin, à Saint-Georges, 15 fr.; 3e — Pouclet, à la Petite-Marière, 10 fr.

Veaux de 6 à 10 mois.

1er Prix. Rousselot, à la Ficheportière, 15 fr.; 2e — Gateau, à la Richardière, 10 fr.; 3e — Bouron, à Villeneuve, 5 fr.

Génisses de 15 à 30 mois.

1er Prix. Michon, à la Surie (Saint-Julien), 20 fr.; 2e — Bourget, à la Prolinière, 15 fr.; 3e — Pontdevie, à la Giraudière, 10 fr.; 4e — Féré, à la Bassetière, 10 fr.

Génisses de 10 à 15 mois.

1er PRIX. Féré, à la Bassetière, 20 fr.; 2e — Barbeau, à la Girardière, 15 fr.; 3e — Chaigne, à la Garandelière, 10 fr.; 4e — Barbeau, à la Girardière, 10 fr.

Génisses de 6 à 10 mois.

1er PRIX. Petit-Gast, à la Vrignais (Vairé), 15 fr.; 2e — Praud, à la Templerie (Vairé), 10 fr.; 3e — Bourget, à la Templerie, 5 fr.

Vaches avec ou sans suite.

1er PRIX. Pontdevie, à la Giraudière, 30 fr.; 2e — Chailloux, à la Barbière, 25 fr.; 3e — Rousselot, à la Ficheportière, 20 fr.; 4e — Bourget, à la Bardonnière, 15 fr.

Race ovine.

1er PRIX. Géraudeau, à la Maison-Neuve, 25 fr.; 2e — Jaulin, à la Friconnière, 20 fr.; 3e — Vincent, à la Mortière, 15 fr.; 4e — Chaigne, à la Grandelière, 15 fr.

Canards des propriétaires.

1er PRIX. Tesson, à la Garanjoire, 10 fr.

Taureaux du pays (15 à 30 mois).

1er PRIX. Raimondeau, à Brandeau, 10 fr.; 2e — Raimondeau, 5 fr.

Veaux de 10 à 15 mois.

1er PRIX. Raimondeau, à Brandeau, 10 fr.

Génisses de 6 à 10 mois.

1er PRIX. H. de la Bassetière, 10 fr.

TOTAL des primes. . . . . 575 fr.

———

COMICE DES SABLES, DE TALMONT
ET DES MOUTIERS-LES-MAUXFAITS RÉUNIS

(Date de la fondation 1869.)

Composition du Bureau : MM. le marquis de Surineau, *président ;* Gillaizeau, maire d'Avrillé, membre du Conseil général, *vice-président ;* Morisset, notaire, à Talmont, *trésorier ;* Gillaizeau, Eugène, *secrétaire.*

CONCOURS DU 19 MARS 1872.

Taureaux.

1er PRIX. M. Bastard, Benjamin, fermier, à Jard, 75 fr.; 2e — M. Bastard, Benjamin, fermier, à Jard, 55 fr.; 3e — M. Chiffoleau, Louis, métayer, à Saint-Vincent-sur-Graon, 45 fr.; 4e — M. Gouin, Adolphe, fils, fermier, à Angles, 35 fr.; 5e — M. Chiffoleau, Louis, métayer, à Saint-Vincent-sur-Graon, 30 fr.; 6e — M. Moussion, Ferdinand, fermier, à la Boissière-des-Landes, 25 fr.

Vaches.

1er PRIX. M. Herbert, Pierre, fermier, aux Conches-de-Longeville, 55 fr.; 2e — M. Sochard, Patrice, cultivateur, aux Granges (Saint-Hilaire-de-Talmont), 50 fr.; 3e — M. Richard, Joseph, fermier, à Longeville, 45 fr.; 4e — M. Priouzeau, Honoré, fermier, à Longeville, 40 fr.; 5e — M. Dezainy, Ferdinand, fermier, au Champ-Saint-Père, 35 fr.; 6e — M. Cornière, Baptiste, métayer, aux Faux-d'Angles, 30 fr.

Génisses.

1er Prix. M. Amélineau, Ernest, de Bois-Lambert, 40 fr.;
2e — M. Meunier, Benjamin, de Lacombe, 35 fr.; 3e —
M. Caillé, Valéry, de Saint-Sornin, 30 fr.; 4e — M. Ménar-
deau, François, de Saint-Cyr, 25 fr.; 5e — M. Gillaizeau,
Eugène, de Talmont, 20 fr.

Race ovine.

1er Prix. M. Priouzeau, fermier, à la Palle de Longeville,
25 fr.; 2e — Gouin, Adolphe, fils, fermier, à Angles, 15 fr.

Béliers.

1er Prix. M. Moussion, Jean, fermier, à Nouailles, 15 fr.;
2e — M. Priouzeau, Honoré, fermier, à la Palle de Longeville, 10 fr.

Juments poulinières.

1er Prix. M. Masson, Aimé, métayer, à la Mancelière
d'Avrillé, 40 fr.; 2e — M. Faivre, Auguste, métayer, à
l'Allière de Longeville, 30 fr.; 3e — M. Guillot, Benjamin,
fermier, à Saint-Cyr, 25 fr.; 4e — M. Mathé, Alexandre,
métayer, à la Brethonnelière du Poiroux, 15 fr.

Verrats.

1er Prix. M. Marionneau, Auguste, métayer, à la Chê-
nelie, 25 fr.; 2e — M. Craipeau, Jean, métayer, à Saint-
Vincent-sur-Graon, 15 fr.

Instruments aratoires.

Prix unique. M. Guinaudeau, Armand, à Avrillé, 40 fr.

Domestiques.

1er Prix. M. Bariteau, Louis, à la Bijoire de Saint-Vincent-
sur-Graon, 20 fr.; 2e — M. Cornelier, Louis, au Château-
d'Olonne, 20 fr.; 3e — M. Tesson, Charles, à la Boissière-des-
Landes, 20 fr.

Prix des propriétaires.

1er PRIX. M. Duchaine, Charles, au château de la Cantaudière, 40 fr.; 2e — M. Duchaine, Charles, au château de la Cantaudière, 30 fr.; 3e — M. De la Bajonnière, à la Bijoire de Saint-Vincent, 20 fr.; 4e — M. Crosnier, Charles, à Angles, 20 fr.

Instruments agricoles.

1er PRIX. M. Laidet, Constant, au Champ-Saint-Père, 10 fr.; 2e — M. Rivière, Constant, des Moutiers-les-Mauxfaits, 5 fr.

Domestiques.

1er PRIX. Galerneau, Joséphine, à la Poitevinière de Saint-Vincent-sur-Graon, 20 fr.; 2e — à l'Ensonière de Jard, 15 fr.; 3e — à la Palle de Longeville, 15 fr.

MONTANT des prix distribués. . . . . . 1,160 fr.

LES PUITS FUNÉRAIRES DU BERNARD

Sollicité par de nombreux amis, je prépare, avec la collaboration de notre habile dessinateur, M. Léon Ballereau, un travail d'ensemble sur les sépultures à incinération en forme de puits, que j'ai fouillées au Bernard, du mois de décembre 1858 au mois de mai 1872. En attendant cet ouvrage, que je ne puis livrer encore immédiatement à l'impression, il est de mon devoir de satisfaire la légitime curiosité des lecteurs de l'*Annuaire de la Société d'Émulation de la Vendée* qui, m'encourageant chaque année de leurs vœux et de leur sympathie, ont droit à l'abrégé, au moins, d'une démonstration qui est appelée à assurer à nos enfouissements le titre de *Puits funéraires*. Je le ferai d'autant plus volontiers que plusieurs, parmi eux, n'auront ni la facilité, ni le courage d'aborder un volume qui sera, nécessairement, une œuvre de longue haleine.

I.

A l'époque gallo-romaine, la colline dite de *Troussepoil,* à cinq kilomètres nord-est du Bernard, était couverte d'habitations. Outre un grand établissement dont j'ai mis à nu les substructions, en 1860, la pioche de mes ouvriers a heurté, mainte et mainte fois, des pans de murailles datant de la même période. C'est aux abords de ces anciennes demeures que j'ai rencontré vingt et un puits funéraires, dans un rayon d'environ 500 mètres. Ils étaient orientés ainsi :

Sur le versant nord, les 1er, 2e, 3e, 4e et 14e ;

Sur le versant est, les 5e, 6e, 8e, 9e, 15e, 16e, 17e et 21e ;

Sur le haut du plateau, les 10e, 11e, 12e, 13e, 18e, 19e et 20e.

Tous les puits (1) furent creusés perpendiculairement, sauf le 12e, dont l'axe, à 6^m 50 du sol, fût changé et porté vers l'ouest de 0^m 50.

Leur profondeur n'atteignait pas toujours les mêmes proportions, quoiqu'il n'y eut pas une grande variété dans leur diamètre.

Nous en marquons ici la différence :

(1) Dans la suite, pour éviter les répétitions, nous remplacerons souvent le mot *puits* par la lettre P.

NUMÉROS des PUITS	PROFONDEUR	DIAMÈTRES		
		ORIFICE	MILIEU	FOND
1er	9m »	1m 20	» »	0m 50
2e	6 »	1 30	» »	» »
3e	9 35	1 30	» »	0 45
4e	3 25	1 20	» »	» »
5e	9 »	1 20	» »	1 »
6e	7 30	0 80	» »	» »
7e	11 »	1 10	» »	0 50
8e	11 »	1 10	1m 33	0 75
9e	6 »	1 10	» »	» »
10e	10 »	1 15	1 35	0 50
11e	10 50	1 »	» »	» »
12e	9 »	1 15	» »	0 60
13e	14 »	1 20	1 35	0 50
14e	11 35	1 15	1 »	1 »
15e	6 33	1 15	» »	0 80
16e	8 »	1 »	1 15	1 »
17e	8 66	1 10	1 33	0 80
18e	10 80	1 20	» »	0 35
19e	12 70	1 »	» »	» »
20e	13 »	0 70	1 10	0 85
21e	10 75	1 62	1 05	1 05

L'ouverture de ces puits, à l'exception du 4e, était scellée par une calotte en pierres, pour en assurer l'inviolabilité. Celles des 5e, 6e, 12e, 16e, 17e, 18e et 20e P. étaient particulièrement bien conditionnées et se terminaient par une clef de voûte.

Creusés dans le flanc d'une colline à charpente schisteuse, les vingt et un puits, à base plus ou moins arrondie ou pointue, présentaient l'aspect d'un cône tronqué. Les cylindres des 4e, 6e, 11e et 19e semblaient avoir été tracés au compas, tant ils étaient réguliers dans toutes leurs parties.

Plusieurs renfermaient un double enfouissement, entre autres les 1er, 3e, 5e, 6e, 8e, 10e, 13e, 19e et 21e ; ce qui a été démontré et par les os humains qu'ils contenaient, et par certains objets, tels que : grands souliers et bagues sigillaires, petits souliers, fuseaux, quenouilles et anneau nuptial, attributs exclusifs, les premiers de l'homme, les seconds de la femme.

Le double enfouissement était-il simultané ou successif ? la question n'est pas résolue. Pour moi, j'incline fortement à croire qu'il fut simultané, du moins au Bernard ; les calottes ovoïdes, l'agencement des couches et la présence, dans l'une des fosses, de fragments d'une coupe en terre rouge historiée, placés, l'un avec les attributs de la femme, et l'autre avec les attributs de l'homme, ne me permettent guère de penser autrement. Les ossements incinérés d'un homme et d'une femme déposés dans la partie supérieure du 21e P., et la sandale de la femme rencontrée dans la partie inférieure avec les deux urnes cinéraires, confirment cette opinion, du moins pour ce puits.

Dans le cas de double enfouissement, un pavé, en pierres ou en tuiles, séparait le plus souvent le premier du second. Les pavés se comptaient ainsi :

Dans les 2ᵉ, 3ᵉ, 7ᵉ, 8ᵉ, 10ᵉ, 12ᵉ, 16ᵉ, 17ᵉ, 18ᵉ, 19ᵉ et 21ᵉ, *un;* — dans les 1ᵉʳ, 6ᵉ, 11ᵉ, 13ᵉ et 15ᵉ, *deux;* — dans les 14ᵉ et 20ᵉ, *trois.*

Ces pavés partageaient les fosses en deux ou trois compartiments.

Remarquons que dans la partie supérieure on n'a trouvé généralement que des pierres mêlées à de la terre arable et à un peu de charbon ; tandis que, dans chaque fosse, la partie inférieure portait la trace évidente des restes d'un bûcher éteint. Les vases, qui étaient brisés en haut, étaient préservés en bas de toute cassure, soit par des niches faites exprès, ou par des bourrelets en terre plastique jaune, qui contrastait avec le dépôt noirâtre et violacé dans lequel ils étaient comme noyés. C'est dans le bas également qu'on a recueilli la cendre d'os. Quant aux ossements humains concassés et incinérés, ils se sont trouvés et au fond et au milieu et à 2ᵐ 00 du sol.

Des arbres ou arbrisseaux furent plantés debout dans six puits : dans le 3ᵉ, un petit chêne de 4ᵐ 00 ; — dans le 5ᵉ, un arbre vert de 4ᵐ 00 ; — dans les 6ᵉ et 13ᵉ, des saules ; — dans le 7ᵉ, une forte épine noire ; — dans le 14ᵉ, un tronc d'ormeau de 2ᵐ 00 sur 0ᵐ 75 de circonférence.

A l'époque même où la culture de la vigne était interdite aux Gallo-Romains, nous rencontrons des pepins de raisin et des abattis de cet arbrisseau, au délicieux nectar, dans huit puits fénéraires, au moins, qui sont les 6ᵉ, 7ᵉ, 11ᵉ, 14ᵉ, 15ᵉ, 16ᵉ, 17ᵉ et 20ᵉ.

Les autres essences d'arbres et d'arbrisseaux sortis de nos fosses à incinération sont : l'aubier, — le peuplier noir, — le tremble, — le hêtre, — le buis, — le genêt, — l'ajonc, — le lierre, — le chèvre-feuille, -- la ronce, — le houx, — l'érable, — le bouleau, — le sureau ; — et aussi, le châtaignier, — le noyer, — le pin, — le pêcher, — le prunier, — le cerisier, — le coudrier, avec leurs fruits.

Au nombre des animaux dont les restes tapissaient nos fosses cylindriques, nous pouvons nommer : le renard, — le chien, — la belette, — la musaraigne, — le rat, — la souris, — le lièvre, — le lapin, — le bouc, ☿ la chèvre, — le chevreuil, — le cerf, — le bélier, — la brebis, — le bœuf, — la vache, — le veau, — le sanglier ou le porc, — le cheval, — le hibou, — le chat-huant, — le corbeau, — le pigeon, — la poule, — le coq, — le canard, etc.; — des poissons d'eau douce et d'eau salée, — des batraciens, — des coléoptères et autres insectes, — l'escargot terrestre, — le sabot-vignot, — la mye, — la patelle, — la moule, — la bucharde-sourdon, — la Vénus-palourde, et l'huître non ouverte, dont il y avait quelquefois des dépôts de plusieurs centaines autour des vases funéraires.

Ceci nous amène à parler du mobilier dû à l'initiative de l'homme et relevant de son industrie, mis à dessein dans nos fosses à incinération. Pour éviter des redites, à ce genre de mobilier des puits proprement dits, je joindrai celui d'une trentaine de petites fosses demi-cylindriques, d'une profondeur de 1^m à 2^m, auxquelles on ne peut pas donner le nom de puits, mais qui appartiennent au même système.

II.

Les objets en pierre, en terre cuite, en verre, en métal, en bois, en cuir et en os, méritent de fixer un moment notre attention.

OBJETS EN PIERRE. — Nous citerons : des échantillons calcaires ayant pour motif ornemental des lignes chevronnées avec des lignes carrées en creux (petites fosses près les ruines de l'établissement) ;

Une pierre lithographique, sur laquelle est inscrite une rosace d'un dessin corrompu (6e P.) ;

Des fragments de moulins à bras, dont un en grès et les autres en granit, sortes d'égrugeoirs pour le grain qu'on trouve dans les sépultures antiques *(passim)* ;

Trois vases brisés, dont l'un en marbre, cerclé à sa base d'un bourrelet en relief, comme les vases en cuivre (19e P.) ;

Trois ou quatre fragments de plaque de marbre (15e P.) ;

Un fût de colonne en pierre blanche, avec son chapiteau dorique (15e P.) ;

Une pierre dite *de Charente,* sculptée dans la forme d'une tête d'animal (21e P.) ;

Une statuette en tuffeau, représentant une déesse-mère assise dans un fauteuil (1er P.).

Objets en terre cuite. — A part les vases, qui forment un article spécial, ils comprennent les tuyaux, tuiles, briques, poids, le pain d'ocre, les moules à médailles et les figurines.

Tuyaux. — Ce sont les *tubercula ad aquas* de Pline (14e et 17e P.).

Tuiles. — Elles sont de deux sortes : la tuile plate à bords relevés dite *tegula,* et la tuile demi-cylindrique appelée *imbrex,* destinée à couvrir la jonction de. deux tuiles *(passim).*

Briques. — Leur diamètre varie entre 0m 25 et 0m 60 ; quelques-unes sont percées au milieu d'un trou cylindrique (14e P.). L'une d'elles est historiée (petite fosse attenant au 14e P.) ; on y voit deux serpents séparés par un ruisseau, qui rappellent, avec l'idée symbolique et religieuse bien connue, le vers suivant de Perse (Sat. I, vers 113), à l'adresse des gamins de Rome se disposant à stationner le long des murs :

> *Pinge duos angues. Pueri, sacer est locus : extra*
> *Minjite!*

POIDS. — Sur treize poids, mesurant en hauteur de 0ᵐ 10 à 0ᵐ 20, et munis, à leur sommet, d'un anneau de suspension, huit ou neuf sont quadrangulaires *(passim)*.

PAIN D'OCRE. — Ces pains, à forme conique, étaient coulés ; ils portaient en creux sur leurs flancs une marque cerclée qui était, au dire de Théophraste et d'autres auteurs, le cachet des prêtres de Diane, qui débitaient ce pain sacré comme médicament, pour saupoudrer les potions données aux malades (1). L'empreinte de ce cachet existe sur celui du Bernard (petite fosse).

MOULES A MÉDAILLES ROMAINES (1ᵉʳ P.) — Ces moules, au nombre d'environ cent trente, étaient à l'effigie de Trajan, d'Adrien, d'Antonin-le-Pieux, de Faustine-mère, de Marc-Aurèle, etc. Ils ont eu le privilége de modifier l'opinion des savants, qui attribuaient tous les moules en terre cuite au Bas-Empire, sous lequel ces procédés expéditifs de monnayage répondaient aux besoins d'une époque agitée, où l'on n'avait pas le temps de graver les coins. Les moules du Haut-Empire ne pouvaient appartenir qu'à des faussaires.

FIGURINES. — Sur trois figurines, l'une est en terre rouge de brique et nous donne la tête d'un bélier (petite fosse contiguë au 14ᵉ P.). A Angers, un cercueil en plomb de la même période, cité par le *Bulletin monumental*, contenait aussi un petit bélier en terre blanche.

La couleur blanche étant la couleur adoptée pour les rites sacrés et les divinités topiques, comme l'ont prouvé les fours de l'Allier, où elles se fabriquaient en grand nombre, les deux autres figurines du Bernard sont d'origine gauloise.

La première est celle d'une impératrice (18ᵉ P.). Un décret

(1) *Nouveau Dict. d'hist. naturelle, appliquée aux arts.* T. XXI, p. 200, art. *Minium des anciens*.

du Sénat, cité par Dion Cassius, admettait dans les laraires les images des princesses honorées de l'apothéose.

La deuxième est celle de Vénus, représentée nue, par le système de deux demi-bosses. C'est la Vénus de la deuxième époque (de Néron à la décadence), moins pudique que celle de la première, offerte aux regards au moment où elle sortait pure de l'écume des flots, sous le nom d'Anadyomène.

VASES EN TERRE CUITE. — Les uns sont en terre commune et les autres en terre rouge sigillée.

VASES EN TERRE COMMUNE *(passim)*. — Ils sont façonnés, tantôt d'après le type gaulois perpétué, et tantôt d'après le type romain, et comprennent : la lampe, l'assiette et le plat, la passoire, l'écuelle, le vase-trépied, la terrine, l'amphore, le *doliolum,* le pot-au-feu et l'urne cinéraire, le pot à boire ou pichet, le cruchon et la cruche, l'ampoule et la lagène, et, enfin, le couvercle.

La lampe grise, au bec sortant du rebord, à oreillons, posant sur trois piles (10° P.), est analogue à celles que M. le comte Costa de Beauregard a rencontrées dans les habitations lacustres de la Savoie.

L'assiette, au vernis noir et à bord relevé, a de la ressemblance avec nos assiettes de caillou.

Le plat, noir ou grisâtre, porte au milieu de son rebord évasé une ligne concentrique en creux.

La passoire, criblée de trous, servait, comme celle d'aujourd'hui, à égoutter les légumes et le lait fermenté (8° P.).

L'écuelle, à deux oreilles, était bien originaire de la Gaule, puisque les Latins, lorsqu'ils formèrent leur langue, l'appelèrent *scutella,* du celtique SCVTELL (1).

(1) Abel Hugo, *France hist. et monument.* T. I, p. 51.

Nous trouvons souvent à côté d'elle un autre petit vase noir, allant au feu, qui n'en diffère que parce qu'il n'a pas d'oreillons, et qu'on le saisit par son rebord qui, contrairement à celui de l'écuelle, est rabattu.

Le vase trépied, au vernis noir, doit son nom aux trois petites piles qui se détachent de son fond comme des tétines.

La terrine, épaisse de 0^m 01 à 0^m 02, est munie d'un large déversoir à rebords et à plan incliné (3e P.).

Il ne nous reste des amphores que quelques anses brisées et un certain nombre de culots pointus.

Le *doliolum*, diminutif de *dolium*, est ventru et à large ouverture ; sa capacité n'est guère que d'une dizaine de litres (1er et 16e P.).

Le pot-au-feu, ou l'*olla*, d'un usage vulgaire, prenait le nom d'urne cinéraire *(olla ossuaria)* quand il était destiné à recevoir en dépôt des cendres humaines. Il était souvent ornementé de bâtons ou de guillochures lozangées.

Le type du pichet gallo-romain de notre contrée s'est perpétué jusqu'à nous. Il est pyriforme, à bec ordinairement tréflé, ou à bec d'oiseau *(passim)*. Un de ces pichets s'éloigne du type ancien (15e P.). Ce vase, au cou de cygne, qui a la forme grecque, fut surmoulé sur un vase en bronze.

Le cruchon et la cruche n'ont, le plus souvent, qu'une seule anse. Un certain nombre, au vernis noir et à la pâte grossière, rappellent par leur forme le type gaulois ; les autres, à pâte blanche, gréseuse, grisâtre ou rougeâtre, sont marqués au type de la bonne époque romaine. Le galbe en est élégant ; les anses sont gracieusement contournées ; la panse est large ; la base et le goulot sont étroits ; le goulot est à tricorne ou cerclé. Quelques cruches ont pour ornementation des *canaux*, ou des hachures simulant la fougère.

L'ampoule, la lagène, la burette, au col allongé, ont quelque analogie avec nos carafes (2e et 17e P.).

Le couvercle a la forme bombée, avec un bouton au milieu pour le saisir (19e et 20e P.). C'est l'*operculum* de Columelle (L. VII, ch. 8.) : *Fictilibus ollis condiuntur... opercula superponuntur.*

Nous avons quelque raison de penser que tous les vases en terre commune furent fabriqués sur place, ou au moins dans le Talmondais. Il n'en est pas de même des vases sigillés, que nous croyons sortis des fours de l'Allier. Notre opinion est corroborée par la découverte de noms de potiers, qui avaient leurs ateliers de moulage sur ce point célèbre de la Gaule.

VASES EN TERRE ROUGE SIGILLÉE. — Ils forment deux catégories.

La première renferme les vases en terre blanche très-fine, revêtus d'un vernis qui est tantôt noir et à glaçure noire, ornés de courants et de filets exécutés à la *Barbotine* (petite fosse près le 7e P.) ; tantôt rouge, avec glaçure bronzée (12e et 19e P.); et tantôt simplement rouge (11e P.).

Nous plaçons dans la deuxième catégorie les vases en terre rouge sigillée, et à glaçure rouge, appelés faussement *Samiens*, et dont on retrouve maintenant les fours et à Arezzo en Italie, et chez nous, dans les environs de Moulins et de Vichy.

Ce sont des patères à libations *(passim)*, dont quelques-unes avec guirlandes de feuilles et de fleurs (10e et 19e P.);

Des plateaux (17e P. et petites fosses);

Des bols (petites fosses), des gobelets, des soucoupes et des coupes *(passim)*. Plusieurs coupes sont historiées. On voit dans des cartouches ou des médaillons, des animaux, tels que : chiens, lièvres, renards, chevaux, panthères, lions et poissons ; des masques d'hommes et de femmes ;

des génies; des demi-dieux et des dieux, tels que : Bacchus, Hercule, Plutus, Cupidon, Vénus, Apollon, Neptune.

Vingt-sept vases, dont vingt-quatre en terre rouge sigillée, nous ont donné les marques des céramistes qui les façonnèrent avec tant d'art et d'habileté. En voici la liste alphabétique :

ALAVCI M. — AMATOR F. — BORILLI OF. — CARVSSA — CASSIGNETI — CASSINETI (sans le G) — CRE — CHRE (autre forme de *Cresimus*). — DOMITII — D. T. A. — DIVICATVS — FELICI O. — IVIN.... — JANVARII O. — MACRINI M. — MARCI — MARIANI — MINVS — PIVS — RVFVS — SAM. — SENI M. — SEXTVS — VRECV — VAGIRV — V. M.

Plusieurs de ces noms sont d'origine gauloise.

Neuf vases en terre commune et deux en terre rouge sigillée ont fourni des inscriptions qui sont probablement des noms de propriétaires. Voici la liste alphabétique de ces *grafitti* :

AMANDI — CVNS — DAC — I-H. — IVI — LEPIDVS — LIAZ (par un lambda.) — MVNELA — SOIATA. — TAV — TEM.

Parmi ces noms, il y en a qui, par leur suffixe, se rattachent à l'idiome gaulois.

Une tuile à rebords est marquée du T majuscule.

OBJETS EN VERRE. — Nos fosses à incinération contenaient des urnes (14ᵉ P.); des fioles lacrymatoires ou des ampoules à parfum (11ᵉ P.) ; des coupes à boire, unies ou ciselées (4ᵉ et 12ᵉ P.), et un coulant ayant un astragale au milieu (petite fosse).

OBJETS EN MÉTAL. — L'objet en plomb le plus intéressant était une bullule, plus petite que la bulle portée au cou par les enfants de distinction.

Le fer était représenté par le mâchefer, par des poinçons, des crampons, des crochets, des fiches-pattes, des hachereaux, des couteaux *(passim)* ; par des clous, des pitons et des gonds (11ᵉ et 14ᵉ P.) ; par des ciseaux, des houes, une queue de dail, une clavette, un fer en forme de fer à cheval, une guignette (11ᵉ P., petite fosse) ; par neuf clefs, dont deux dites *clefs-crochet,* pour ouvrir et fermer le verrou intérieur des portes (1ᵉʳ, 8ᵉ, 14ᵉ, 18ᵉ, 19ᵉ et 20ᵉ P.) ; par des chainettes (8ᵉ et 13ᵉ P.) ; par des anneaux (petite fosse) ; par des styles pour écrire (13ᵉ et 19ᵉ P.) ; par une truelle (petite fosse) ; par un pic (13ᵉ P.) ; par une pioche (7ᵉ P.) ; par un coutelas (2ᵉ P.) ; par une lance, avec une partie de sa hampe (16ᵉ P.) ; par une épée (1ᵉʳ P.) ; par un instrument dit *machoire de corne,* qui arc-boutait l'artimon d'un petit navire sur son mât (20ᵉ P.).

Au nombre des objets en cuivre sont : les anneaux, les uns grands les autres petits (14ᵉ P. et petites fosses) ; les anneaux de doigt, dits *alliances* (11ᵉ P. et petites fosses) ; les bagues à chaton, dont quelques-unes sigillaires, entre autres la bague en or du 15ᵉ P. La plus remarquable est celle qui donne pour cachet un magnifique ·quadrige conduit par une tête couronnée (petite fosse), inscrit dans une entaille en jaspe, nous avons lieu de croire qu'elle était aussi en or (on n'a retrouvé que l'entaille) ; une bague à clef (petite fosse). Puis, viennent les clous, un bouton en cuivre, une rondelle avec un serpent au repoussé (petites fosses) ; une entrée de serrure (17ᵉ P.) ; une lunule ou croissant de la lune (petite fosse). En Orient, les femmes la suspendaient à leur cou, et, en Gaule, le Chef-Druide la portait au sommet de son sceptre. Nous avons cinq vases en cuivre, un seau et une buire (6ᵉ P.), une chaudière et une aiguière (5ᵉ P.).

Au bronze appartiennent certaines bagues *(passim)*, deux clefs (8ᵉ P.), des épingles et des fibules, les unes simples, les autres à plaques et ornementées *(passim)*;

deux bullules (10ᵉ P.), une poignée (3ᵉ P.), des amulettes (petites fosses), plusieurs hameçons (10ᵉ P., etc.), une clochette (petite fosse), deux de ces trompettes que Varron appelle *sacrées*, ou des sacrifices, *tubæ sacrorum* (17ᶜ et 20ᶜ P.), un bidon-ampoule fermé hermétiquement (11ᵉ P.) et, enfin, les monnaies.

Les pièces de monnaie, tant celles en argent que celles de bronze, se définissent ainsi :

Un bronze gaulois de fabrication pictone ; — une obole frappée à Jérusalem, dans les premières années de Jésus-Christ ; — un denier consulaire en argent de Cassius (mort en 45 av. J.-C.) ; 7 bronzes d'Auguste ; — 5 de Tibère ; — un denier d'argent de Caligula ; — 4 bronzes de Néron ; — un de Vespasien ; — 3 de Domitien ; — un de Julie, fille de Titus ; — 20 de Trajan ; — 2 deniers d'argent du même prince ; — 80 bronzes d'Adrien ; — un denier d'argent du même prince ; — 2 bronzes de Sabine ; — 28 d'Antonin-le-Pieux ; — un denier d'argent du même prince, dans un moule en terre cuite ; — quelques bronzes de Faustine-mère ; — un denier d'argent de la même princesse ; — 32 bronzes de Marc-Aurèle ; — un denier d'argent du même prince ; — 25 bronzes de Faustine-la-Jeune ; — 19 bronzes de Lucius Vérus ; — 7 de Lucille , — 28 de Commode ; — 2 de Crispine ; — 6 de Septime Sévère ; — un denier d'argent de Caracalla ; — un bronze du même prince ; — un denier d'argent de Julie Mammée, mère d'Alexandre Sévère, dans l'alvéole d'un moule en terre cuite ; — 4 bronzes d'Alexandre Sévère ; — un de l'empereur Dèce.

Le 21ᵉ funéraire a fourni à lui seul environ 200 bronzes.

Ajoutons à cette liste environ quarante médailles en bronze, ou simplement saucées dans un bain d'argent, à l'effigie de Trébonien, Gallien, Posthume, Victorin, Claude-le-Gothique et des deux Tétricus, père et fils, rencontrées pour la plupart dans une fosse à inhumation du troisième quart du IIIᵉ siècle.

Objets en bois. — Nous citerons, entre autres choses :

Un cercueil creusé dans un tronc de chêne (5e P.) ; — une baille (17e P.) ; — des barils, des baquets et des seaux *(passim)* ; — un coco pour boire (1er P.) ; — un gobelet en hêtre (6e P.) ; — une petite coupe à patte (8e P.) ; — un pichet (10e P.) ; — une gamelle (3e P.) , — et un bol plus petit que la gamelle (13e P.) ; — des corbeilles (14e et 15e P.) ; — une tablette pour écrire sur la cire (16e P.) ; — des fuseaux *(passim)* ; — trois quenouilles (3e, 20e et 21e P.) ; — un manche en bois (18e P.) ; une porte de maison de maître et un peigne (17e P.) ; — un moyeu de char (6e P.) ; — enfin, une statue en bois de chêne, haute de 0^m 51 (20e P.), représentant une déesse-mère, assise sur un escabeau, dans l'attitude d'une vierge voilée, qu'on prendrait pour une vierge-mère du moyen-âge. Aurait-elle eu pour type la célèbre statue druidique de Notre-Dame de Chartres, portant l'inscription : *Virgini pariturœ ?* Les savants décideront.

Objets en cuir. — Ils consistaient principalement en des courroies de suspension à la ceinture, découpées en boutonnières à leurs extrémités (3e P.) ; — en des lanières et en des chaussures, les unes n'ayant que la simple semelle de la sandale, les autres en forme de babouche, les autres à talonnière ou à sabaron, appartenant à des hommes, à des femmes, à des enfants (5e, 6e, 13e et 21e P.).

Objets en os. — Ceux qui méritent une mention particulière sont : des cuillers (2e, 3e et 18e P.) ; — des armes ou des outils, des tessères en bois de cerf ; — des manches de couteau ; — des épissoirs ; — des broches, des attaches, des épingles, des passe-cordons ; — des sifflets des morts *(passim)*.

Tel est, en abrégé, le mobilier des vingt et un puits et des autres fosses à incinération du Bernard. Je crois pouvoir dire, sans crainte de me tromper, qu'il met sous nos yeux les spécimens des deux civilisations gauloise et romaine, tendant de plus en plus à se fusionner. S'il n'est pas riche, il est au moins curieux, d'autant plus qu'il va nous prouver que nos puits sont funéraires.

III.

Les puits du Bernard sont funéraires, c'est-à-dire qu'ils furent creusés non comme puits à eau, ou comme citernes, mais pour servir de dépôt à des enfouissements humains *incinérés*.

Presque tous les puits étaient scellés par des calottes se terminant en dôme et le plus souvent en pointe. Ces calottes, conservées intactes, disent bien haut que le mobilier qu'elles défendaient était vierge en même temps qu'il était sacré.

La calotte enlevée, que trouvons-nous? Le changement de niveau dans l'un des puits, attestant qu'il n'est pas un puits ordinaire ; et dans tous une disposition dans les couches qui annonce le travail de l'homme fait dans un but nécessairement religieux.

Dans la partie supérieure, il y a un désordre apparent : ce sont des pierres, des fragments de briques, de tuiles, de poterie et d'ossements d'animaux, qui sont mêlés à de la terre végétale ; mais dans la partie inférieure, séparée de la première par un ou plusieurs pavés, on remarque un agencement symétrique qui ne peut être attribué au hasard. Ce sont des cachettes qui abritent des vases de toutes sortes et de toute capacité, dont plusieurs, tels que la lampe, la fiole-lacrymatoire, la burette à parfum (deux contenaient le parfum odoriférant dit *parfum de Judée*), l'urne cinéraire, le *doliolum*, la patère et le pichet des sacrifices, l'aiguière à poussière d'or surmoulée sur vase de cuivre, sont

reconnus par les savants comme exclusivement destinés
aux sépultures.

Aux abords de ces vases, et dans les vases eux-mêmes,
on a rencontré des objets qui figurent dans les nécropoles
antiques.

C'est la meule, — le mortier, — le galet en pierre (on les
retrouve sous 'les dolmens avec la coquille percée) ; —
c'est la pièce de monnaie, ou le *naulus* du rachat ; — c'est
la clef, — c'est le poids, qui étaient symboliques en Egypte
et dans tout l'Orient, dès le temps d'Hérodote (1) ; — c'est
la tuile à rebords qu'Ovide nous montre dans le cercueil
du pauvre, à défaut d'un mobilier plus riche :

> *Non avidos Styx habet ima Dcos ;*
> *Tegula projectis satis est velata coronis.*

C'est la figurine, la princesse divinisée, la Vénus du
laraire, la déesse-mère, protectrices, même dans la tombe,
d'êtres chéris ; — c'est l'amulette symbolique portée au
cou, — c'est l'andouiller de cerf, — la dent de cheval, —
la défense de sanglier, que les tumulus nous révèlent les
premiers ; — c'est le rongeur et l'insecte, à l'état de momies
dans les hypogées d'Egypte ; — c'est le corbeau, immolé le
jour des funérailles aux dieux infernaux ; — c'est l'arbre
voué à la divinité (2) ; — c'est le fruit sacré ; — la grappe
de raisin offerte dans les sacrifices (3) ; — la noix recueillie
même dans les sarcophages chrétiens de Rome (4) ; —
la pomme de pin consacrée à Cybèle (5), emblème du
Mercure infernal, du Teutatès gaulois (6) ; — c'est le
viatique, ou la provision du voyage, qu'on offrait encore

(1) *Mœurs et coutumes des Égyptiens,* — extrait d'Hérodote, p. 283.
(2) Phæd. 1. III. fab. 17, — *Quercus Jovi,* etc.
(3) Guk et Vilhelm, — *La vie des Grecs et des Romains,* T. I, p. 313.
(4) Boldetti, p 208.
(5) *Pinus Cybeles,* — Phæd.
(6) Marion, — *Philologie celtique,* — *Revue des Soc. Sav.,* août 1863,
p. 158.

aux morts du temps de saint Augustin (1), et, qu'en Egypte, les vivants demandaient au dieu Thoth, pour ceux dont ils avaient à pleurer la perte (2).

Le blé, — le vin, — la châtaigne, — la noisette, — la cerise, — la prune, — la pêche, — l'hélice des jardins, — la volaille, — l'oiseau, — le lièvre, etc., déposés dans nos enfouissements, ne pouvaient pas avoir une autre signification.

Ajoutez le cercueil en bois ; — le sifflet des morts en os ; — le charbon de bois qui tapissait les couches inférieures ; — la cendre d'os et les os humains incinérés.

La cendre d'os a fourni à M. Bertault, membre du Bureau de la *Société d'Émulation,* une quantité assez notable de phosphate de chaux ; la proportion est d'environ 12 grammes pour cent.

Les os humains concassés « avaient subi, au rapport de M. C. Gouraud, docteur en médecine, à la Roche-sur-Yon, une *incinération* prolongée, que leur mode de cassure et leur ·absolue friabilité dénotent, ainsi que leurs autres propriétés organoleptiques. »

En présence de pareils faits, la conclusion naturelle est celle-ci :

Les puits à incinération du Bernard sont *funéraires.*

M. Jules Quicherat disait, en 1863, aux membres du Comité des Travaux historiques (section d'archéologie) réunis à la Sorbonne : « Vous n'avez pas oublié que c'est en 1859, que l'*Annuaire de la Sociéte d'Émulation de la Vendée* vous apporta la première nouvelle de puits qui

---

(1) *Miror cur apud quosdam infideles hodiè tam perniciosus error increverit, ut super tumulos defunctorum* cibos et vina conferant. — *(Sermo XV, de Sanctis)*

(2) F. Caillaud, — *Voyage à Méroé et au Nil blanc,* T. IV, p. 43.

avaient été creusés pour servir de fosses d'inhumation. On a dit souvent, et avec raison, qu'il y a des moments qui semblent marqués à l'avance pour le triomphe des vérités scientifiques. L'année même où les puits funéraires se révélaient en Vendée, ils venaient de se révéler également dans le département du Loiret. »

Aujourd'hui, autour des puits funéraires du Bernard et de Beaugency, viennent se grouper ceux trouvés à Durin (aujourd'hui Saint-Georges de Montaigu), à Maillezais, à la Vergne en Saint-Hiailre-sur-l'Autise, à Apremont (Vendée), à Rezé (Loire-Inférieure), à Gourgé (Deux-Sèvres), au Pré-Haut, à Triguière, à Gien (Loiret), à Villeneuve-le-Roy, à Châteaublau, à Bayenhem, à Paris, à Primelles, à Bourges, à Nogent-le-Rotrou, à Chartres, à Saint-Lubin près Marboué (Eure-et-Loir), à Chassey, à Bibracte, etc., et jusque dans les Iles-Britanniques.

Après ces découvertes, qui corroborent celles du Bernard, il serait aujourd'hui plus que téméraire de nier l'existence dans la Gaule, à l'époque gallo-romaine, d'enfouissements humains à incinération, dans des fosses en forme de puits.

Le Bernard, 18 mai 1872.

L'abbé Ferd. BAUDRY.

LA MAIRIE OU PRÉVOTÉ DE LA CHATAIGNERAIE

EN LA PAROISSE

DE SAINT-PHILBERT-DU-PONT-CHARRAULT

1236-1538.

—————

L'exercice de ce qu'on appelait autrefois la Justice Seigneuriale consistait dans la connaissance de certaines causes, par des juges particuliers, en des audiences dites *Assises de la Seigneurie*. Ces causes étaient les dations de tutelle et curatelle, les actions sur choses immeubles sises dans la juridiction, les actions entre les personnes dont l'amende n'excédait pas soixante sous pour la moyenne justice, sept sous six deniers pour la basse (1). En général, rien de moins intéressant que les registres de ces assises qui ont échappé à l'action du temps, dormant dans la

(1) Art. vi, vii, xvi à xx de l'ancienne Coutume de Poitou.

poussière des archives, ou achevant de disparaître sous la dent des rats dans les fonds obscurs de quelques greniers. On aurait tort pourtant de généraliser le mépris qu'inspirent communément ces témoins d'un autre âge, car on y trouve toujours à glaner ces infiniments petits de l'histoire qui, recueillis, coordonnés et expliqués, sont l'histoire elle-même; non pas, il est vrai, celle des guerres, des batailles et autres fléaux de l'humanité, mais celle des institutions, des mœurs et des usages, en un mot la vie même de nos pères. Les preuves en abondent pour tous ceux qui s'occupent de reconstituer nos vieilles annales ; nous croyons en avoir découvert une nouvelle dans les papiers du Grand-Prieuré d'Aquitaine, de l'Ordre de Malte, conservés aux Archives du département de la Vienne, fonds H-3.

Egaré dans la liasse 371, qui se compose de registres d'assises de la Commanderie de Champgillon (1) du xive au xvie siècle, il est un vieux cahier que l'humidité et le temps ont fort détérioré, informe, déchiré, poudreux, et intitulé : *N° 57, Assises ordinaires de la Chasteigneraie.* Il contient en effet une assise d'environ l'année 1500, dont la date et la majeure partie ont disparu avec le haut des pages qui lui étaient consacrées; celles de 1502, 1503, 1504, 1505, 1509, 1511, 1515, 1518, sans date vers 1521, 1523, 1525, 1526, tenues par Anthoine Prévost, bachelier ès-loix, écuyer, sieur de la Bretaudière, sénéchal du dit lieu ; plus celles de 1529, 1531, 1534, 1537, tenues par Pierre Béreau, licencié ès-loix, sénéchal après le précédent.

Au premier aspect, elles n'ont trait qu'à des nominations de tuteurs, à des contestations d'un bien faible intérêt entre particuliers, à des commandements ou avertissements d'avoir à payer les redevances auxquelles les tenanciers

---

(1) Canton de Sainte-Hermine.

possédaient qui leur maison qui leur champ, à des amendes de quelques deniers ou de quelques sous, à l'un pour avoir *baptu son voisin et sa femme*, à l'autre parce qu'on *a treuvé ses bestes bellines, porcines ou asynnes, sa jument ou ses cheuvres agastant les jardrins et les terraiges* d'alentour ; le plus grand nombre pour contraventions à la police rurale. En regardant de plus près, on y trouve treize procès-verbaux de la nomination du *Maire annuel* (1), à laquelle contribuaient les habitants. Si les détails sont trop rares, malheureusement, à ce sujet, au moins notre Registre d'Assises donne-t-il le texte de la charte qui avait conféré cette immunité, en 1236. ·

La Châtaigneraie, aujourd'hui simple hameau de la commune de Saint-Philbert-du-Pont-Charrault (2), relevait de Saint-Jean-de-Launay, Commanderie de Malte située dans la paroisse de Sainte-Cécile (3). Au moyen-âge il y avait dans cette petite seigneurie, comme dans toutes les autres, un officier chargé, sous le nom de prévôt, de tous

---

(1) Voici la liste de quelques-uns de ces maires, dressée à l'aide des procès-verbaux ou autres mentions des assises :

Philippon Rocher, vers 1500 ;
Guillaume Gaultereau, en 1502 ;
Estienne Martineau, en 1503 ;
Jehan Chauvèau, en 1504 ;
Pierre Reorteau, en 1505 ;
Jehan Barengier, en 1510-1511 ;
Jehan Bothereau, en 1515-16 ;
Anthoine Chevreau, en 1521-22 ;
Jehan Barengier, en 1523-24 ;
Adrien Thomas, en 1525 ;
Maurice Massé, en 1526-27-28-29 ;
Jehan Bothereau, en 1530 ;
Jehan Morin, en 1531-32-33-34-35-36-37.

(2) Canton de Chantonnay.

(3) Canton des Essarts.

les détails de l'administration. Cet office, qu'on trouve souvent dans nos contrées concédé en fief, était parfois exercé par des hommes durs et avides ; et les habitants de la Châtaigneraie achetèrent, au prix d'une rente de 30 sous, le droit de mettre l'un d'eux à la place de cet intermédiaire obligé avec leur seigneur. La somme était grosse pour l'époque, mais l'avantage aussi ; car, en dehors de beaucoup d'autres qui sont évidents, un des hommes de la communauté exerçant ces fonctions à titre gratuit, l'économie des frais était grande. Il y avait profit aussi pour le Commandeur de Launay, à percevoir la somme d'abord, ensuite à laisser ses vassaux faire eux-mêmes leurs affaires.

Chaque année, le jour de la fête de saint Barnabé, les chefs de maison se réunissaient pour élire trois candidats, l'un desquels était choisi pour prévost ou maire par le seigneur. Il était ensuite installé, après avoir *promis et juré ès-saincts Evangiles Nostre Seigneur, par la foy et serment de son corps, de bien et loyaulment exercer le dict office, au prouffict de la court de céans et des hommes subgectz d'icelle.* Il y avait probablement ensuite fête au village, car un des procès-verbaux ajoute à la mention du serment de rigueur celle des *autres solempnitez qui doivent en tieulx cas acoustumez estre gardez.*

Cependant, au rebours de ce qui eût dû être, il semble qu'à mesure que le temps s'écoula ce fut le pouvoir seigneurial qui favorisa le plus le maintien de cette institution. Soit mesure fiscale, soit intelligence plus nette de la situation, soit l'un et l'autre, il y tint la main. Dès la première de nos assises, c'est-à-dire celle tenue vers 1500, on lit cette mention : *L'article sera faict par la court contre Mathurin Prestreau, François Botereau, Jehan Botereau, Phelippon Rocher, André Mestivier, Pierre Girart et André Gendre, obéisssans personnellement, pour non avoir esleu prévost par certain temps ;* et ce n'était pas une vaine menace, car presque à chaque assise on trouve quelques abstentionnistes sans raison légitime condamnés à trois, cinq ou sept sols .d'amende *pour non avoir esté à l'eslection ceste présente année*. Grâce à ce moyen énergique, la chose allait à bien, et depuis le premier procès-verbal qu'on puisse déchiffrer, en 1503 (1) jusqu'au neuvième que nous possédions, en 1525 (2), rien de particulier ne semble digne d'être relaté dans l'histoire de la Châtaigneraie.

Mais la paix est-elle d'une essence durable sur notre planète ronde ? Le procès-verbal de l'année suivante paraît gros de discordes intestines. *Sur ce que le procureur de la court poursuivoit à icelle Pierre Deboys, Pierre Reorteau, André Drappeau, Micheau Jasme, Morice Macé, René Sorin, Loys Juston, Mathurin Jasme, Denis Cousturier, Jehan Martin, Loys Briand, Lucas Thomas, Guillaume Le Camus, Estienne Benoisteau, obéissans personnellement, pour non avoir esleu Maire cette présente*

(1) Aujourduy en jugement les assistants de la cour et seigneurie de céans ont dit et déclaré qu'ils avoient esleuz en *Mesre* et *Prévost* Estienne Martineau et Jehan Macé ; requérant Monseigneur ou son commis prendre et assiéter lequel luy playra. Et Mᵉ Jehan Oliver, fermier de la cour de céans, a prins et assiété le dit Martineau ; lequel a fait serment en jugement de bien et léaument exercer le dit office à la charge acoustumée.

(2) Aujourduy, après ce que Pierre Deboys, Pierre Reorteau, Jehan Barengier, Anthoine Jasme, Gilles Jambot, Morice Massé, Pierre Massé, René Sorin, Loys Juston, Mathurin Jasme, Jehan Martin, Loys Briand, Lucas Thomas, Guillaume Le Camus, Estienne Benoisteau, présents en jugement, ont dit et déclaré à Monseigneur de la dite cour, présent en jugement, avoir esleu pour *Maire* et *Prévost* Adrien Thomas, aussi présent en jugement ; veu l'eslection des dessus ditz, mon dit seigneur a prins et accepté pour maire et prévost pour ceste présente année le dit Thomas, lequel a faict serment de bien, justement et loyallement exercer le faict de la dite mairie et faire en tout et partout tout ainsi que ont acoustumé faire les autres maires et prévosts auparavant luy.

année ; les dits Deboys, Reorteau, Jasmes Sorin, Juston, Cousturier, Le Camus, ont déclaré avoir eslu Maire André Drappeau et Morice Macé ; les dits Drappeau, Briand, Thomas et Benesteau ont déclaré avoir eslu le dit Macé et Camus ; le dit Macé a déclaré avoir eslu les dits Drappeau et Camus ; le dit Jehan Martin a déclaré ne se estre trouvé à la dite eslection. Veu ce l'avons retenu en l'amende, et a immédiatement eslu les dits Camus et Macé.

Veu l'eslection des dessusditz, Monseigneur, présent en jugement, a eslu le dit Morice Macé, pour ceste présente année seullement, pour Maire, ob ce qu'il a faict les serments en tieulx cas appartenans.

Ce texte étant comparé à celui des autres procès-verbaux, forts ressemblants aux deux spécimens ci-dessus, le fait que Maurice Macé resta maire jusqu'à sa mort, en 1529, justifie surabondamment l'assertion qu'on ne s'entendait plus au village. On va voir quelles en furent les conséquences sous le sénéchal Pierre Béreau, dans l'habitude de la vie notaire des baronnies de Chantonnay et du Puybelliard, qui remplaça Anthoine Prévost, sieur de la Bretaudière, décédé en 1528.

Le jour de la Saint-Barnabé 1531, les habitants ayant élu Jehan Morin et Lucas Thomas, Monseigneur accepta le dit Morin en l'assise tenue quelques jours après ; lequel demeura en fonctions jusqu'à celle du 14 juin 1534. Cette fois, les habitants vinrent présenter Micheau Leblays et Mathurin Jasme ; mais tout aussitôt le procureur de la cour remontra *que tous et chacuns les subjects et habitants de la cour de céans sont tenuz présenter trois personnes par eulx éluz, et à deffault de ce, d'en avoir l'amende grousse, etc.;* et il fit ajouter au nom des deux élus : *ou le dit Morin, par cy-devant prévoust,* qui fut aussitôt confirmé par monsieur le sénéchal, assisté de Pruyau, notaire de la chatellenie des Roches-Baritaud, agissant comme son greffier. Il en fut ainsi jusqu'en 1537, car il paraît que les assises ne se tinrent plus dès lors que tous les trois ans. Cette fois, la communauté avait élu Loys Drouault et Mathurin Gaudineau; et elle vint requérir *le procureur de la cour et messire Gillon Turcault, prebtre, ayant la charge de Monseigneur, d'avoir à élire, choisir et opter l'un desdiz esluz comme tel que bon leur semblera.* Mais Jehan Morin plaisait mieux, paraît-il; ensuite on avait à l'assise précédente inscrit une mention adroite et pouvant faire titre à l'occasion. Le procureur répondit que *Monseigneur de la cour de céans avoit droit de eslire l'un desdits esluz par les dits habitants, ou celluy qui l'année auparavant a esté prevoust.* Les habitants nièrent ce dire et maintinrent qu'on n'avait à user, en dehors d'eux, que d'un droit d'option; mais on leur ferma la bouche en jugeant que, vu la contestation, *les parties informeroient, débats faictz sur registre ou briefs interditz... et néantmoins par provision, jusqu'à ce que aultrement en soit ordonné, veu le registre de la cour faict sur la dite eslection tenue le 14ᶜ de juign 1534,* on déclara maire *icelluy Morin.*

Les droits des habitants furent-ils mieux respectés aux assises suivantes? On ne sait, car les titres de la Commanderie de Launay ne contiennent rien sur la Châtaigneraie. Ce qui est certain, c'est que la cour put se rendre compte de la justice de la résistance qu'elle avait rencontrée puisqu'on lui apporta, et que le notaire Pruyau copia, sur quelques feuilles restées blanches dans un des registres précédents, un Vidimus de la charte qui constituait le titre primordial.

En voici la traduction (1) :

« A tous ceux qui ces lettres verront, frère Jehan de Mautré, humble prieur de la sainte Maison de l'Hôpital de Jérusalem en France, salut en Notre-Seigneur.

(1) Le texte original de la charte est imprimé à la suite de cette notice.

« Nous faisons savoir que nous, de l'avis de nos frères, donnons à cens et concédons aux hommes de la Châtaigneraie la prévôté du dit village, aux usages et coutumes ordinaires, pour être exercée et possédée par eux à perpétuité moyennant un cens annuel de trente sols, payable à la fête de la Toussaint à notre maison de Launay.

« Les dits hommes, ou au moins quatre d'entre eux, après avoir prêté serment, de bonne foi, choisiront un d'entre eux et le présenteront au Commandeur de ladite maison. S'il le récusait, ils en choisiraient un second, et un troisième si le second était récusé ; mais ledit Commandeur sera tenu de prendre pour exercer la prévôté un de ces trois, dont il recevra le serment d'être et de se comporter fidèlement à notre égard et à celui de notre maison.

« Il a été dit aussi qu'aucunes nouvelles coutumes ni institutions ne pourront être établies dans ledit village sans le consentement du Prieur de France et des habitants ; mais si les produits du village augmentaient d'une manière quelconque, lesdits hommes, sous la foi du serment, augmenteraient ledit cens en proportion de ladite taxe de trente sols.

« En outre, nous avons fait remise aux dits hommes de l'avoine que nous prenions au moulin du prieur de Javarzay (1), moyennant douze sols à nous payables chaque année, à la fête de Pâques, avec cette clause qu'ils ne pourront faire moudre à aucun moulin qu'au nôtre, si nous y en avions là un qui nous appartînt, et que dans le cas où ils viendraient faire moudre à notre moulin, comme moulin-banal, ils ne seraient plus tenus de nous payer les dits douze sols.

---

(1) La copie porte fautivement Javellay. Il s'agit ici du prieuré de Javarzay, sis dans la même commune et possédant un des moulins sur le Lay, non loin de la Châtaigneraie.

« Lesquelles prévôté et liberté de moudre nous avons concédé auxdits hommes, aux conditions exprimées ci-dessus, sauf nos droits communs et de seigneurie et autres que nous avions antérieurement dans ledit village. En témoignage de quoi nous avons délivré les présentes lettres, munies de notre sceau.

« Fait l'an de grâce 1236, au mois de juin. »

Ce pauvre vieux registre mutilé, tombant en poussière, dont nous avons extrait tout ce que dessus, nous apprendrait peut-être bien encore d'autres choses, si l'on voulait lire entre ses lignes. Ne dirait-il pas notamment que les habitants de la Châtaigneraie durent regretter plus d'une fois le temps du sieur de la Bretaudière? Dans les douze assises tenues par lui, où Monseigneur daigna comparaître en personne, quatre folios en moyenne suffisent pour inscrire *amendes, adjournements, commandements, faicts de l'es-lection.* A chaque fois *le présent registre des assises, faict par moy* et signé Prevost, donne à penser que le sénéchal, avec l'aide du maire indiqué comme *prévost et sergent,* suffit à représenter la foule d'officiers seigneuriaux dont le besoin n'était sûrement guère senti par les *subjectz ;* et jusqu'à l'année 1526, où la discorde s'est mise au village, tout se passe sans chicane de part ni d'autre.

Il n'en est plus ainsi avec le sénéchal Béreau, assisté de son confrère Pruyau. Monseigneur ne s'en doute, mais on lui fait de la belle procédure avec ses ayant-charge, un certain Noyron, procureur, et Me Gillon Turcault, receveur de la seigneurie. Pour s'élever à la hauteur de la situation, Jehan Morin marche affublé de Mathurin Barbarin, *son sergent alloué,* pour faire ses commandements ; il faut, pour inscrire tout ce qui se passe en l'assise, sept, dix, onze et quatorze folios ; on y parle beaucoup *d'avoir l'amende grousse, de mulcter les subjectz et chascun d'eulx en la dicte amende grousse,* et en définitive, on impose l'éternel Jehan Morin à la communauté, qui n'a pas l'air aussi *deuheeument informée en sa suffizance* que la Cour.

Mais n'allons pas plus loin, car nous finirions par faire aussi de la procédure contre maîtres Bereau et Pruyau, et nous avons d'excellentes raisons pour ne chercher querelle ni à l'un ni à l'autre : au premier, parce que nous croyons qu'il fut le père d'un poète du crû, qui a chanté en aimables vers notre *Lay doux-coulant* (1) ; au second, parce qu'il a copié de sa plus belle main la charte précédente. Tout ce qui se rapporte aux premières institutions municipales dans nos campagnes est encore si peu connu que nous lui savons beaucoup de gré de nous avoir fourni le moyen de la sauver de l'oubli, qui recouvre encore tant de monuments du même genre.

L. DE LA BOUTETIÈRE.

TEXTE DE LA CHARTE ORIGINALE,
AVEC LES PROTOCOLES DU VIDIMUS

Noverint universi quod nos, notarii infrascripti, quasdam perpetuas litteras in sua continentes serie quedam incolis de Casteigneria data et concessa a Priore de Francia quondam privilegia, utilitatem dictorum incolarum ac Religionis Hospitalis Jerosolimitani concernentia (Vidimus), quarum tenor sequitur.

Universis presentes litteras inspecturis, frater Johannes de Mautré, sancte Domus Hospitalis Jerosolimitani Prior humilis in Francia, salutem in Domino.

---

(1) Les Eglogues et aultres œuvres poétiques de Jacques Bereau, Poictevin. — A Poitiers, par Bertrand Noscereau, maistre imprimeur en la dite ville, — MDLXV.

Notum facimus quod nos, de fratrum nostrorum consilio, hominibus Casteignerie prepositatem ejusdem ville, ad usus et consuetudines approbatas quibus quondam tenebatur, adcensamus et concessimus in perpetuum tenendam et habendam, sub annuo censu xxx solidorum, ad festum Sanctorum Omnium nostre domui de Alneia reddendarum. Dicti vero homines jurati, vel ad minus ipsorum quatuor, per suum juramentum annuatim unum eligent, bona fide, et preceptori dicte domus presentabunt : quem si recusaverit, secundum eligent, et tertium si secundum recusaverit ; et de illis tribus presentatis unum suscipere tenebitur dictus preceptor ad tenendam prepositatem, et habebit illius juramentum quod fideliter se geret et habebit erga nos et nostram domum.

Condictum fuit (etiam) quod nulle nove coustume sive instituciones in dicta villa poterunt levari seu constitui sine consensu Prioris Francie et hominum ejusdem ville. Sed si proventus ipsius ville crescerent quomodocumque, predicti homines, per suum juramentum, augmentarent dictum censum, secundum quantitatem crescentie, ad racionem taxationis dictorum xxx solidorum.

Preterea dictis hominibus quictavimus avenam quam habebamus in molendino prioris Javellai, pro xii solidis ad Pasca reddendis nobis annuatim : ita quod cogi non poterunt eundi molere ad aliquod molendinum nisi ad nostrum, si proprium illic haberemus ; et ex tunc, si ad nostrum molendinum per bannum molerent, dictos xii solidos nobis reddere non tenerentur.

Dictam autem prepositatem et molendini libertatem, sicut superius apparet expressam evidenter, hominibus memoratis concessimus, salvis nobis communi jure et dominio et aliis que in dicta villa prius habebamus. In cujus rei testimonium presentes litteras tradidimus, nostri sigilli munimine roboratas.

Actum anno gracie mccxxxvi°, mense junio.

Et nos, notarii infrascripti (1), universis certificamus et approbamus litteras prenotatas Vidisse, non corruptas nec in aliqua parte sui suspectas aut viciatas, et de vocabulo ad vocabulum legisse, viridi cera sigillatas, cum cordono albe rubregue serice pendente, infra dictum sigillum imposito, (ad) quod sigillum in parte anteriori imprimitur aquila cum duabus lilii floribus, quadam ad dextram alia vero ad sinistram, cum quadam scriptura (circum) ipsam aquilam scripta ; et in parte posteriori imprimitur manus tenens super se avem predacionis cum alia scriptura circumscripta. In quarum litterarum visionis, lecture atque scripture testimonio, ad majoris roboris firmitatem, nostra signa manualia presentibus, pro solo Vidisse et copia, duximus apponenda, xxviiiᵃ (die) mensis octobris, anno Domini MCCCCXLVᵒ.

Sic signatum : J. ERARDI, signavit ad requestam incolarum de Casteigneria, pro copia seu Vidisse; et S. GENDRE, signavit ad requestam incolarum de Casteigneria, pro copia seu Vidisse.

PRUYAU, pro copia.

(1) Quelques mots indispensables pour fixer le sens ont été omis par le copiste. Nous les avons ajoutés entre parenthèses.

GUERRE DE LA VENDÉE

RÉCIT DU PREMIER COMBAT DE SAINT-MESMIN

ÉCRIT SOUS LA DICTÉE DE L'UN DES ACTEURS

A l'époque où il réunissait les documents nécessaires pour terminer son histoire des communes du canton de Pouzauges par la notice de Montournais, qu'il n'a malheureusement ni publiée ni même rédigée, feu M. Léon Audé s'adressa aux personnes capables de lui fournir des renseignements détaillés et exacts. Les plus intéressants lui furent transmis par M. le curé de Montournais, dans une lettre en date du 8 août 1860. Reçus lorsqu'on imprimait les notices de la Pommeraie et de Saint-Mesmin (1), ils ne purent être utilisés pour leur rédaction. Nous pouvons nous en féliciter, parce que les limites du cadre dans lequel devait se renfermer notre très-regretté confrère ne lui auraient probablement pas permis de reproduire, dans son entier, le passage suivant de la lettre de M. l'abbé L. Augereau.

Dans la guerre vendéenne, il y eut à Saint-Mesmin deux combats qui furent à peu près le commencement et la fin de ce drame émouvant, où tant d'héroïsme fut dépensé.

(1) *Annuaire de la Société d'Émulation*, vól. VI, p. 241 et suivantes.

Le second de ces faits d'armes a été raconté (1), mais le premier est resté inconnu aux historiens de la Vendée, du moins je ne l'ai vu ·mentionné dans aucun. J'en donne le récit tel que je l'ai appris de l'un des acteurs, avec les détails pittoresques qu'il était incapable d'inventer.

L'insurrection éclata dans le département de la Vendée par l'effet d'un complot qui ne manquait ni de hardiesse ni d'habileté. MM. de Baudry d'Asson (2), de Vertueil (3) et de Béjarry (4) en étaient les chefs, du moins ce sont eux que j'ai entendu citer. Ce complot éclata à l'Oie (5), un jour de foire. Le lendemain de l'explosion, les Vendéens battirent, au Pont-Charron (6), les Républicains, accourus de Luçon pour les écraser. Un autre corps d'observation, non moins menaçant, était cantonné à Bressuire ; et l'on devait penser qu'au premier bruit du mouvement il se mettrait en marche pour le comprimer. M. de Baudry d'Asson se chargea d'en débarrasser le pays, et c'était une entreprise fort téméraire, eu égard aux ressources dont il disposait.

Il passa par les Herbiers, où il dispersa la garde nationale, qui fit mine de résister, et où il châtia assez rudement une sorte d'administration républicaine qui cherchait à dominer·le pays voisin. De là, il se rendit sans retard à la

(1) Voir même *Annuaire*, p. 263.

(2) Gabriel de B. d'Asson, seigneur de Brachain, ancien militaire. Il fut tué à la bataille de Luçon, le 14 août 1793.

(3) Ancien sous-lieutenant au régiment de Languedoc. Il périt à la déroute du Mans.

(4) Auguste de B., mort en 1824.

(5) Commune de Sainte-Florence, canton des Essarts. La foire dont il s'agit est celle du 13 mars 1793.

(6) Près Chantonnay. Il paraît y avoir eu un second combat, le 15 mars, à Chantonnay même, où fut tué le lieutenant des volontaires (républicains) de Saint-Germain-de-Prinçay et du Puybelliard.

Pommeraie-sur-Sèvre, recueillant, comme en courant, tous les hommes de bonne volonté qui venaient se joindre à sa troupe. A la Pommeraie, il fit halte pour mettre un peu d'ordre dans son *rassemblement* et requérir des provisions.

L'organisation ne fut jamais le beau côté des armées vendéennes, et aux premiers jours surtout elle était loin d'être complète. Il y eut cependant dès lors des capitaines de paroisses, choisis par élection, et quelques autres dignitaires dont les attributions n'étaient guère définies.

La paroisse de la Pommeraie élut pour son chef Jean Coutant, connu aussi sous le nom de *Père Abraham* (1). C'était un homme d'une conduite irréprochable, d'une simplicité antique et d'une inépuisable bonté. Il jouissait d'une certaine influence, et s'en servait pour prêcher la paix à tout prix et apaiser les différents. Ce n'était pas précisément un titre pour obtenir un commandement militaire; mais dans une armée où tout le monde était conscrit, la probité était une recommandation que le courage inconnu ne pouvait balancer.

Baudry d'Asson n'eut pas le temps d'examiner si l'ordre était parfait autour de lui. L'ennemi était signalé; il ordonna le départ, et tout se mit en marche comme un troupeau de moutons. Comme il ne connaissait ni la force des Républicains ni la valeur de sa troupe, il eut la précaution de placer deux cavaliers en observation sur une hauteur, avec ordre, en cas de revers, de prendre les devants et de donner l'alarme. Par malheur, il oublia de leur faire part des évolutions qu'il comptait ordonner, ce qui causa une singulière méprise, comme nous le verrons bientôt.

Les deux corps d'armée se trouvèrent en présence près du bourg de Saint-Mesmin, du côté de la Pommeraie. Le

(1) *Annuaire de la Société d'Émulation*, vol. VI, p. 251.

nombre était à peu près égal : deux mille hommes environ de chaque côté. Je regarde cette supputation comme un peu hasardée.

M. de Baudry d'Asson dit à ses hommes de se jeter à terre à chaque décharge de l'ennemi, et d'attendre le signal pour foncer en avant. Le Père Abraham donna aussi ses ordres et voulut haranguer ses soldats à la manière des anciens : « Mes amis, leur dit-il, tâchons de « vaincre, mais ne faisons pas de mal. Faites du tapage, « criez bien fort, épouvantez l'ennemi ; mais ne tuez pas « votre *ressemblance !* » Ces singulières recommandations n'émurent personne, mais comme les fusils étaient rares, le combat commença d'une façon fort peu meurtrière. Les Vendéens se jetaient à plat ventre, pour éviter les feux de peloton, et ne se relevaient que pour tirer quelques coups presque tous inoffensifs, de sorte que le combat présenta pendant un certain temps le spectacle de prostrations périodiques et d'une fusillade tout-à-fait innocente. A la fin pourtant, un soldat du Père Abraham, trop lent à s'incliner, fut atteint par une balle qui lui laboura le bras, depuis le poignet jusqu'au coude. La douleur lui arracha un cri perçant et le sang coula en abondance. Le débonnaire Jean Coutant fut ému jusqu'au fond de l'âme, et changeant tout-à-fait de langage, il s'écria : « Ah ! mes « amis, ces gens-là frappent en traîtres ; faisons de même « aussi nous ! Visez bien et tirez de votre mieux. Ils nous « tueraient tous ; il faut les tuer les premiers ! »

Il en aurait peut-être dit plus long, mais Baudry d'Asson venait de donner un ordre plus décisif. Il avait du militaire dans le sang et dans la tête. Quand la fusillade eut duré quelque temps, il jugea, à la mine de ses hommes, que le baptême du feu était donné et que désormais il avait des soldats. Montrant donc l'ennemi d'un geste énergique, il s'écrie : « Mes amis, en avant, et faites comme moi ! » Puis il s'élance au pas de course. Pas un de ses hommes ne reste en arrière, et le Père Abraham lui-même suit d'assez près. Un combat corps à corps s'engage. Les Vendéens se jettent sur les Bleus, arrachent leurs fusils, les assomment à coups de crosse ou les transpercent avec leurs longues fourches ; tout, jusqu'aux pieux arrachés dans les buissons, devient entre leurs mains une arme terrible. Les Républicains, effrayés de tant d'audace, ne tiennent pas longtemps. Ils se débandent et sont poursuivis jusqu'à la Forêt-sur-Sèvre. Les Vendéens avaient pris assez d'armes pour avoir chacun un fusil. Ils se dirigent de nouveau vers la Pommeraie, se croyant déjà maîtres de la République ; une étrange réception les y attendait.

Les deux cavaliers placés en observation, voyant les leurs tomber par terre, s'étaient imaginé que la première décharge les avait tous tués, et, sans autre examen, ils avaient détalé au plus vite. Arrivés à la Pommeraie, ils annoncent que tout est perdu et que l'ennemi vient derrière eux. Cette nouvelle causa une consternation facile à comprendre. La douleur et la confusion n'eurent point de bornes, et en un instant le bourg devint désert. Quelques-uns des fuyards, passant la Sèvre, allèrent se réfugier dans les bois du Deffand, mais le plus grand nombre courut se cacher dans ceux de Toucheprès et de Brie. Un seul homme garda son sang-froid et son courage au milieu de la désolation commune : c'était Robreau, le sonneur (ou sacristain) de la paroisse. « Je resterai à garder l'église, « dit-il, et si les Républicains viennent pour la piller, ils « me tueront avant d'y entrer ! »

Les vainqueurs en arrivant le trouvèrent seul, et apprirent de lui ce qui s'était passé ; mais il fallait rappeler les fugitifs, et Robreau fut chargé de porter l'heureux message. La joie inattendue qui le transportait lui suggéra, chemin faisant, une idée passablement bizarre. L'habitude de lire dans le gros livre du lutrin lui avait mis quelques mots latins dans la tête. Il jugea l'occasion favorable pour montrer sa science, et il résolut de s'acquitter de son ambassade avec toute la dignité d'un héraut d'armes. Arrivé à la lisière du bois, il monte sur le talus d'un fossé, et se plantant les deux mains sur les hanches, il cria de toute la force de ses poumons : « *Aristocrati victoria!* » Il répéta trois fois la même formule et se tût. On connut bien dans le bois la voix retentissante de Robreau, mais nul ne put comprendre le sens de ses mystérieuses paroles. Plusieurs dames, qui se trouvaient parmi les réfugiés, furent consultées, mais l'Académie improvisée se déclara incompétente ; et comme on était sous le poids de sinistres prévisions, personne n'osait bouger ni élever la voix. Une femme s'approcha tout doucement du sonneur, et le pria de traduire son avertissement en termes intelligibles. Robreau ne fit pas le difficile ; et quelques minutes après, la troupe joyeuse reprenait le chemin du bourg.

RAPPORT

SUR L'APPARITION

DU TYPHUS CONTAGIEUX DES BÊTES A CORNES, EN VENDÉE

EN 1870 ET 1871

MONSIEUR LE PRÉFET,

Conformément à vos désirs exprimés, j'ai l'honneur de vous adresser les différentes observations que j'ai pu recueillir dans le cours des années 1870 et 1871, sur le typhus contagieux des bêtes à cornes, en remplissant la mission que vous avez bien voulu me confier.

Avant de répondre à toutes les questions que vous m'avez soumises par vos instructions, permettez-moi, Monsieur le Préfet, au début de ce rapport, d'exposer en quelques lignes certaines notions générales, nécessaires, je pense, pour faire mieux saisir l'importance qu'il faut attacher à bien connaître les causes du typhus contagieux des bêtes à cornes et les effets de ces causes, ou, si l'on préfère, les symptômes et les lésions qui caractérisent cette terrible maladie.

Le typhus contagieux des bêtes à cornes est une maladie particulière aux ruminants ; elle a ce caractère d'être essentiellement contagieuse, de se transmettre facilement, même par l'air à de petites distances ; elle ne se développe jamais spontanément en France ni même dans une grande partie de l'Europe, parce que le principe générateur n'y vit que difficilement, les climats humides et tempérés paraissant nuire à cet élément. En 1865 et 1866, l'Angleterre fut ravagée par cette funeste maladie, qui, là plus qu'ailleurs, aurait dû s'implanter, puisque le caractère n'en avait pas été reconnu et que surtout l'autorité n'avait pris aucune mesure pour empêcher la transmission du mal, les principes de liberté absolue s'y opposant, et pourtant, malgré tous les désordres causés, l'élément destructeur n'a pu exister longtemps dans le climat humide et brumeux de la Grande-Bretagne ; aussi le typhus ne tarda pas à disparaître. Il en fut de même en Hollande et en Belgique.

Partout du reste où le typhus sévit, si on en recherche avec soin la cause, on la trouve toujours dans l'importation des bœufs malades ou des matières provenant des animaux infectés venant de la Hongrie et des plaines de la Russie où la peste bovine est très-fréquente, précisément parce que l'élément qui la fait naître se trouve dans un milieu favorable à son développement ; on peut en quelque sorte assimiler les animalcules qui communiquent le typhus, aux oiseaux de certaines contrées qui, pour vivre, recherchent des climats secs et froids.

Quant aux effets produits, chacun le sait, ils sont effrayants ; les animaux atteints de la peste bovine sont, pour ainsi dire, sous le coup d'un empoisonnement général.

Les symptômes n'en sont bien saisissables que pour les personnes qui ont longtemps étudié la maladie sur les sujets malades ; toutes les définitions et les descriptions théoriques données jusqu'à ce jour, tant bonnes soient-elles, ne suffisent pas ; il est indispensable d'y joindre les expériences pratiques ; il faut surtout voir les animaux au début de la maladie et bien examiner sur eux cette période essentielle pour pouvoir apporter immédiatement des moyens préservatifs pour ceux qui se trouvent dans les mêmes étables.

Dans le début, l'animal, tout en mangeant encore un peu, est triste et légèrement abattu ; mais on découvre bientôt d'autres symptômes plus alarmants ; la muqueuse des gencives est de couleur acajou et laisse apercevoir de petits boutons qui s'ulcèrent très-vite ; sur les conjonctives, il existe des vaisseaux qui, sans être rouges, sont très-gonflés, la muqueuse prend aussi cette même couleur de l'acajou. Ces différents caractères sont tellement frappants, qu'il suffit de les avoir remarqués une seule fois pour bien reconnaître en eux les symptômes précurseurs d'une grave maladie.

Quelques heures après, l'animal est très-abattu, il a le regard morne, les membres sont engagés sous le ventre, les reins voûtés, la tête basse et tendue, les oreilles pendantes, le poil sec et hérissé ; il survient des frissons et des sueurs partielles aux flancs et aux arses ; bientôt le malade a des tremblements du cou et de la tête, qui se manifestent d'un côté à l'autre ; les yeux pleurent ; de la bouche et des naseaux s'échappe un liquide filant qui corrode les lèvres et le nez ; la respiration devient pénible ; l'amaigrissement fait des progrès, une diarrhée fétide, abondante, sanguinolente, épuise le malade qui succombe quelquefois après deux jours de souffrance, le plus souvent après trois ou quatre ; exceptionnellement il va jusqu'au huitième jour.

A l'autopsie de ces animaux, l'estomac est toujours presque vide ; dans la caillette, on constate un épaississement de la membrane muqueuse et ça et là des ulcérations des pétéchies ; en suivant le canal intestinal, on remarque que les matières qu'il contient sont fétides et sanguinolentes ; lorsqu'on découvre la muqueuse, on la voit épaissie, rouge, noire, remplie de pétéchies ou d'épanchements également sanguinolents ; le foie et les reins sont fortement congestionnés, le cœur contient des caillots d'un sang poisseux et noir ; à peine a-t-on coupé les poumons, les muscles même, il s'échappe des vaisseaux du sang en décomposition.

Toutes ces altérations appartiennent à une affection qui a promptement déterminé la mort, c'est le typhus contagieux.

Après avoir ainsi soigneusement constaté et reconnu les divers symptômes qui font distinguer le typhus contagieux des autres maladies, les diagnostics que nous serons dans la suite appelé à porter relativement aux mêmes cas seront plus faciles et plus certains, surtout si nous sommes assuré d'avance que cette maladie, comme il vient d'être dit, ne se développe jamais spontanément dans nos contrées et que si nous la rencontrons chez nous, c'est uniquement parce qu'elle y fut importée par des animaux venant de pays déjà cités et qui, portant en eux le principe du mal, le communiquent avec la plus grande rapidité ; nous pourrons alors avec plus de certitude ordonner des mesures sanitaires rationnelles et propres à préserver les animaux sains de cette maladie que nous sommes amené à considérer comme incurable, malgré les expériences faites par le docteur Déclat et quelques vétérinaires en employant l'acide phénique à l'intérieur comme moyen curatif.

Dans la maladie qui nous occupe, les désordres organiques sont trop grands et les humeurs trop altérées pour opérer une guérison avec des remèdes quels qu'ils soient, appliqués sur quelques animaux seulement, il est préférable, selon moi, de négliger toutes tentatives de traitements particuliers pour employer un temps précieux à prendre d'une manière générale des mesures immédiates et énergiques pour arrêter le fléau dès son début.

Cet exposé terminé, je vais essayer, Monsieur le Préfet, de répondre par un compte-rendu aussi complet que possible à toutes les questions posées dans vos différentes lettres.

Dans le courant de janvier 1871, il était déjà avéré que parmi les animaux de l'espèce bovine servant à l'approvisionnement de l'armée campée sur les bords de la Loire, près Orléans, il existait des bêtes atteintes du typhus contagieux ; cette maladie avait été, sans aucun doute, importée par les armées ennemies qui avaient fait des achats de bœufs provenant de la Hongrie et, formant des agglomérations considérables, qui devaient faciliter les progrès de cette peste.

Quelques temps après, pour sauver nos approvisionnements, on ordonna de faire transporter les bêtes bovines des bords de la Loire jusque dans les départements de l'Indre, de la Vienne et de la Mayenne ; de ces départements le typhus se répandit bientôt dans les départements voisins entre autres, ceux de Maine-et-Loire et des Deux-Sèvres.

Jusqu'à cette époque, notre département avait été épargné, lorsque le 15 mars 1871, la peste bovine se déclara tout-à-coup dans l'étable du sieur Vincent, commune de Breuil-Barret, arrondissement de Fontenay-le-Comte (Vendée).

Une Commision fut formée et priée d'étudier, sur les lieux mêmes, la maladie désignée et de prendre les mesures propres à préserver les animaux voisins de cette ferme, en un mot, d'arrêter les progrès du fléau dans le département.

Cette Commission, présidée par M. le Secrétaire-général de la Préfecture de la Vendée et composée de plusieurs vétérinaires, constata que dix-huit bêtes étaient mortes, et reconnut, après l'autopsie de quelques cadavres, que les animaux étaient morts du typhus, elle en découvrit en outre tous les symptômes caractéristiques sur deux autres sujets encore vivants.

En recherchant les causes de l'apparition de cette maladie dans les étables du sieur Vincent, la Commission s'est d'abord assurée que le fermier n'avait fait depuis longtemps aucune acquisition de bestiaux et qu'il n'avait pas eu l'occasion de faire sortir ses animaux de chez lui.

La première bête atteinte, au dire du fermier, était une vache qui avait été mise seule à paître dans une prairie assez éloignée de ces fermes et distante seulement de 30 ou 40 mètres de la ligne du chemin de fer ; on supposa que la transmission de la contagion avait pu être occasionnée par le passage, sur cette ligne, de wagons chargés de peaux vertes, à destination de Niort ou Coulonges, et provenant de la Mayenne, de la Sarthe ou de Maine-et-Loire.

Le premier acte de la Commission fut de faire abattre immédiatement, non seulement les deux nouvelles bêtes atteintes désignées plus haut, mais encore cinq autres bien portantes, mais condamnées, qui restaient dans la ferme. On procéda ensuite à l'enfouissement, à une profondeur de 3 mètres, des vingt-cinq cadavres sur lesquels on jeta une grande quantité de chaux vive, de chlorure de chaux et d'acide phénique ; on enterra également les fumiers, les foins et la paille de la ferme, ainsi que les animaux domestiques, les chiens et les chats eux-mêmes, bien portants, mais que l'on abattit pour ce seul motif de s'être trouvés dans la possibilité de communiquer avec les bêtes bovines ; les ustensiles furent brûlés, les râteliers râclés, échaudés, passés à l'eau de chaux et au chlorure de chaux ;

une couche assez épaisse du sol enlevée remplacée par de nouvelle terre ; enfin, toutes les étables désinfectées avec de l'acide phénique. Pour plus de garantie, la Commission recommanda aux habitants de la ferme de désinfecter leurs vêtements et de ne pas sortir de la ferme jusqu'à nouvel ordre.

Dans le but d'isoler entièrement le département de la Vendée, vous vous êtes empressé, Monsieur le Préfet, de faire publier, dans toutes les communes, un arrêté qui défendait de laisser arriver à nos foires et marchés des animaux de l'espèce bovine de toutes provenances.

Toutes ces mesures, dictées par la prudence, ont eu d'excellents résultats puisque le fléau ne s'est pas étendu et n'a pas dépassé la commune de Breuil-Barret.

Malgré ces heureux résultats obtenus, la population de la Vendée était inquiète, tous les cultivateurs craignaient l'apparition du typhus dans leurs étables toujours remplies d'un grand nombre de bêtes à cornes qui constituent, comme chacun le sait, en partie la fortune du pays. Et si, précisément vers cette époque, il survenait par hasard dans des étables une maladie pouvant présenter quelque analogie avec celle qui nous occupe et frappant en peu de temps plusieurs têtes de bétail ; les médecins vétérinaires qui n'avaient pas eu l'occasion d'étudier pratiquement la question dont il s'agit confondaient souvent ce nouveau cas avec le typhus contagieux dont les ravages avaient déjà, comme je viens de le dire, jeté l'épouvante dans le département. Aussi pour calmer les inquiétudes des populations d'Avrillé, arrondissement des Sables (Vendée), vous m'avez fait l'honneur, Monsieur le Préfet, de me confier la mission de me rendre à la ferme de Beauchêne, près Avrillé, pour étudier une sorte d'épidémie, disait-on, qui avait déjà fait mourir dix bêtes à cornes dans la même ferme.

Il est résulté de mon examen que les symptômes qu'offrait cette maladie n'avaient rien de commun avec ceux du typhus contagieux, et le régime hygiénique que j'ordonnai fit bientôt disparaître cette affection qui avait tant alarmé les environs.

Vers le mois de septembre, après de grandes sécheresses survinrent des pluies abondantes ; une maladie meurtrière sévit sur un grand nombre de bêtes à cornes de la commune du Champ-Saint-Père ; la confondant de nouveau avec le typhus, les autorités, les habitants et le vétérinaire furent encore effrayés par cette apparition. Suivant vos instructions, je me rendis aux lieux indiqués, où je trouvai des animaux qui, ayant été mis dans des pâturages excessivement gras et abondants, les mangeaient avec d'autant plus d'avidité qu'ils en avaient été privés depuis fort longtemps, et tous, après cinq ou six heures de maladie, ils mouraient étouffés, littéralement asphyxiés, par suite d'une surcharge dans l'estomac d'aliments acides qui ne se digèrent jamais que très-péniblement.

En août 1871, c'est dans l'arrondissement de Cholet (Maine-et-Loire) que le typhus commença ses ravages ; les communes de Chemillé et de Trémentine perdirent une assez grande quantité de bêtes à cornes ; on s'empressa de faire abattre tous les animaux sans exception se trouvant dans les mêmes fermes que ceux atteints par le typhus, et grâce à cette mesure énergique les inquiétudes se calmèrent quelque temps dans tout le pays qui se crut enfin sauvé du fléau.

Mais dans les premiers jours de décembre 1871, malgré la rigueur des froids, le typhus reparut avec plus de violence dans le même arrondissement de Cholet (Maine-et-Loire et dans celui de Bressuire (Deux-Sèvres). En effet, aux extrémités de ces deux départements, dans les communes de Saint-Christophe-du-Bois, et du Puy-

Saint-Bonnet, les animaux de quatre fermes furent de nouveau atteints.

C'est par ces deux dernières communes que les départements de Maine-et-Loire et des Deux-Sèvres touchent à celui de la Vendée, par le canton de Mortagne, possédant des langues de terres et plusieurs chemins qui s'avancent sur une étendue de cinq à six cents mètres entre les départements envahis par le typhus.

M. le Préfet de Maine-et-Loire prit la résolution de convoquer MM. les Préfets des trois départements à se rendre à Cholet, sur le théâtre du sinistre, pour se concerter et prendre les mesures sanitaires nécessaires pour arrêter le fléau qui pouvait s'étendre aussi bien sur le territoire du département de la Vendée que sur ceux de Maine-et-Loire et des Deux-Sèvres.

A cette occasion, Monsieur le Préfet, vous avez bien voulu m'honorer de votre confiance, en me priant de me rendre à Cholet, pour prendre votre place dans cette réunion.

La Commission se composait de M. le Préfet de Maine-et-Loire, de M. le Sous-Préfet de Bressuire, de M. le Sous-Préfet de Cholet, de deux médecins-vétérinaires de Cholet, et de votre humble délégué. Après s'être assurés que le typhus existait dans quatre fermes, tous les membres de la Commission furent unanimes pour agir radicalement et user du moyen le plus certain de détruire le germe de la maladie, en prononçant l'abattage immédiat d'une centaine d'animaux. Tous ceux qui étaient atteints par la maladie ont été enfouis profondément avec les peaux tailladées; les animaux sains, de toutes espèces, ayant pu communiquer avec les précédents, eurent le même sort; les fumiers, le foin et la paille furent placés dans d'autres fosses également profondes; les ustensiles furent brûlés et les étables désinfectées avec des lavages de chlorure de chaux et d'acide phénique, ainsi que cela avait été pratiqué dans d'autres fermes.

M. le Préfet de Maine-et-Loire publia aussitôt un arrêté par lequel il interdisait le passage des animaux de la Vendée sur les routes qui avoisinent les communes infectées et qui conduisent aux foires de Cholet.

Pour faire exécuter cet arrêté, on établit un cordon sanitaire qui devait circonscrire la commune de Saint-Christophe-du-Bois (Maine-et-Loire), la commune du Puy-Saint-Bonnet (Deux-Sèvres) ; le département de la Vendée se trouva dès lors dans la nécessité de former de son côté, un cordon qui pût surveiller les cinq routes qui traversent le canton de Mortagne pour mener soit dans les Deux-Sèvres, soit dans Maine-et-Loire. Pour que cette surveillance fût immédiate, on eut recours à la gendarmerie qui, pendant huit jours, s'acquitta de ce service avec tout le zèle et le dévouement que lui permettaient ses ressources.. Nous comptions sans la cupidité de certains spéculateurs qui, profitant de l'impossibilité matérielle de surveilller avec si peu d'hommes, jour et nuit, un si grand nombre de routes, enfreignaient les règlements pour, dans l'intérêt de leur commerce, faire circuler des bestiaux. Aussi, le 17 décembre, je reçus une nouvelle lettre par laquelle vous me priiez de vous fournir des renseignements sur ces nouveaux faits. Le 19 au matin, j'étais rendu à Mortagne, et M. le Maire, ainsi que M. le Brigadier de gendarmerie, me répondirent de l'exécution la plus stricte de tous les ordres donnés.

Les maires des communes de Mortagne, que j'allai voir tour à tour, me promirent leur concours ; d'autre part, les populations furent, dans l'intervalle, officiellement averties par votre arrêté et par celui de M. le Préfet de Maine-et-Loire. Craignant pourtant l'insuffisance réelle de la gendarmerie pour garder toutes les routes conduisant aux différents points infectés, je vous ai recommandé,

Monsieur le Préfet, un moyen pratique que m'avaient suggéré les difficultés et qui consistait à faire aider cette surveillance par une compagnie d'un régiment d'infanterie de ligne.

En parcourant les communes qui se trouvent près des fermes infectées, j'ai fait tous mes efforts auprès de MM. les maires pour obtenir d'eux les résultats suivants : d'abord, faire exécuter avec le plus grand soin les mesures sanitaires prescrites, puis prévenir les propriétaires qu'ils aient à déclarer à qui de droit et dans le plus bref délai les cas de maladie se présentant dans leurs étables.

J'ai insisté à dessein sur ce dernier point, en leur faisant comprendre que la déclaration du propriétaire est une mesure de police sanitaire de la plus haute importance, et que c'est une de celles que l'autorité doit s'efforcer d'obtenir le plus tôt possible, attendu qu'au début des maladies contagieuses, les mesures dont nous parlons sont les plus faciles à mettre à exécution, les plus efficaces et les moins onéreuses.

Cette déclaration est d'autant plus facile que les propriétaires de bestiaux n'ignorent pas qu'ils doivent être largement indemnisés de leurs pertes éprouvées.

Depuis la courte apparition de la peste bovine dans la commune de Breuil-Barret, en août 1871, il ne s'est pas encore manifesté un seul cas de typhus sur le territoire de notre département ; mais la maladie est trop près de nous pour que nous ne redoutions encore son passage, et ce n'est qu'au moyen de ce cordon sanitaire devenu plus serré par la présence des troupes cantonnées sur toutes les routes, que nous parviendrons à isoler l'élément du mal.

Aujourd'hui, Monsieur le Préfet, nous n'avons, il me semble, qu'à nous louer d'avoir employé toutes ces mesures sanitaires très-énergiques, il est vrai, mais absolument nécessaires ; elles nous ont été indiquées autant par la connaissance des causes qui déterminent le typhus et des symptômes qui le distinguent des autres maladies, que par nos justes craintes, en songeant avec quelle facilité il se communique même à une certaine distance.

Les mesures que vous avez fait prendre et la publication de vos arrêtés qui interdisaient les foires et marchés aux animaux de l'espèce bovine, tout en constituant des obstacles momentanés au commerce des bestiaux, ont été considérées comme une protection accordée à la fortune publique par l'autorité qui doit veiller aux intérêts du pays, et la Vendée doit s'estimer heureuse d'avoir pu jusqu'à présent être ainsi préservée d'un fléau aussi redoutable.

Voilà, Monsieur le Préfet, ma mission remplie ; soyez persuadé que j'ai fait mes efforts pour répondre de la façon la plus complète aux questions que vous m'avez fait l'honneur de me poser, en vous donnant tous les renseignements que j'ai pu recueillir dans les différentes expertises racontées plus haut, et en jetant sur cette question si grave et si intéressante en général, le peu de lumière qu'aient pu me fournir mes études et mon expérience.

Daignez agréer, Monsieur le Préfet, l'assurance des sentiments les plus respectueux et les plus dévoués de votre très-humble et très-obéissant serviteur.

ALASONIÈRE,

médecin-vétérinaire, attaché au dépôt d'étalons de la Roche-sur-Yon.

La Roche-sur-Yon, le 4 mars 1872.

LA RABASTELIÈRE

Dans la partie inférieure du bassin de la Loire, à partir de Blois et particulièrement sur le côté méridional du fleuve, un grand nombre de noms de lieux finissent en *ière*: On s'est demandé quelquefois de quel idiôme cette terminaison provient et quelle peut être sa signification. C'est tout simplement la traduction de la désinence, à la fois grecque et latine, *eria*. Accolée à un nom d'homme, elle indique le plus ancien propriétaire connu, sinon le fondateur d'une localité. Ainsi la Martinière désigne le domaine de Martin, et la Richardière celui de Richard, de même que la Rabastelière vient de Rabastel ou Rabasteau, *Rabastellus*.

Plusieurs familles ainsi nommées ont en effet habité le Bas-Poitou. Au xve siècle, l'une d'elles s'est distinguée par la science du droit ainsi que par les vertus civiques. Comme

André Tiraqueau et Barnabé Brisson, Jean Rabasteau fut
appelé d'office, par la libéralité royale, du présidial de
Fontenay-le-Comte au parlement de Paris. Il y devint
président à mortier et fut même garde des sceaux par
intérim (1) ; mais on ignore s'il descendait du personnage
qui donna son nom à la Rabastelière. Ce dernier vivait
antérieurement au XIIIe siècle, époque à laquelle elle
appartenait déjà à la maison de Saint-Jean-de-l'Aunay que
les Hospitaliers de Jérusalem (2) possédaient près de
Sainte-Cécile. Il habitait cette paroisse dont un des principaux villages est encore appelé la Rivière-Rabasteau ; et
si la commanderie de l'Aunay, située dans le voisinage,
n'a pas été fondée par lui et sur sa propriété, au moins
fut-il l'un de ses principaux bienfaiteurs, notamment par
le don de la Rabastelière.

Un des commandeurs, Louis de Lorraine, la donna, avec
deux autres fiefs, à Pierre Bruneau, qualifié *varlet*, pour
le récompenser de la bravoure avec laquelle il avait assisté
les Hospitaliers dans leurs combats contre les Sarrazins.
Bruneau, en acceptant cette donation de la commanderie,
s'obligeait d'abord à tenir noblement les domaines dont
elle se composait, et aussi à servir l'ordre pendant
six années. C'est ce qui résulte d'un acte écrit en latin,
scellé de trois sceaux et daté du 10 mai 1226. On n'en
possède pas le texte ; mais une analyse, conservée parmi
les titres de la famille Durcot de Puytesson, nous a été
communiquée par M. Gourraud, notaire honoraire à
Chavagnes-en-Paillers, avec toutes ses copies et notes
prises sur les mêmes titres (3).

(1) B. Fillon, *Poitou et Vendée.*

(2) Cet ordre, fondé en 1104, fut dans la suite transporté à Malte, dont
il prit le nom.

(3) M. Dugast-Matifeux nous a en outre communiqué divers renseignements.

A ce Pierre Bruneau, par lequel commence la généalogie de sa famille (1), et qui mourut sans postérité, après avoir fait son testament, le 9 septembre 1282, succéda un autre Pierre, probablement son neveu (2). L'héritier de celui-ci, du même nom, qualifié varlet comme son grand oncle, épousa Catherine de Cléreau, en 1319. Nicolas, leur fils, prit pour femme, en 1366, Jeanne de Preuilly, nom d'un fief de Touraine appartenant alors à la famille Frottier. De ce mariage naquit Jean Bruneau, varlet, qui épousa, en 1392, Marie-Anne Buor de la Gerbaudière ; et leur fils Millet ou Miles, écuyer, seigneur de la Rabastelière, se maria, en 1438, avec Perrine de la Noue, maison noble de Bretagne, la même probablement où naquit, en 1551, le célèbre Bras-de-Fer.

A partir de Christophe Bruneau, écuyer, fils de Miles, qui épousa, en 1480, Jeanne de la Boucherie, cette famille se partage en deux branches. L'aînée, surnommée *Rabastelière*, du fief qu'elle conserva, est la seule dont nous parlerons ici (3).

Un manuscrit in-4º, conservé dans la bibliothèque du

(1) Dans leur *Dictionnaire des familles du Poitou*, vol I, p. 508-510, MM. Beauchet-Filleau et de Chergé n'ont donné, sur des personnages du nom de Bruneau, que des notes dont quatre ou cinq seulement se rapportent à ceux de la Rabastelière ; mais ils nous indiquent leurs armoiries : *d'argent à 7 merlettes de sable posées 3, 3 et 1*.

(2) Aux archives de la Vienne, série H, liasse 845, est conservé le texte complet de la charte (1) par laquelle, le 19 juin 1286, Jean de Villiers, prieur de l'ordre de Saint-Jean-de-Jérusalem en France, reconnaît avoir reçu de lui l'hommage-plain pour ce qu'il tient de la commanderie de l'Aunay, à 15 sous de cens annuel et au droit de mutation de 20 sous.

(3) Voici sur la branche cadette, dite *Giroulière*, des renseignements que nous devons encore à l'obligeance de M. Gourraud :

Guy, fils puiné de Christophe Bruneau et de Jeanne de la Boucherie, épouse Marguerite de Guerry, en 1524.

(1) Copie communiquée par M. L. de la Boutetière.

château, permet d'ajouter d'intéressants détails aux renseignements fournis par les titres de la famille de Puytesson, avec lesquels, du reste, il concorde parfaitement.

Jacques Bruneau, fils aîné de Christophe, épousa, en 1503, Jacquette Moreau, dame de la Jaunière (1), et fut père de Antoine, marié, en 1540, avec Anne de Thorigny. Leur fils aîné, Charles, l'un des cent gentilshommes de la maison du Roi, prenait aussi, entre autres titres, ceux de seigneur de la Robretière et de Chavagnes. Il prit alliance, en 1584, avec Renée de la Motte, dame de l'Onglée et de Montigny, dont l'*Annuaire* (xe année, p. 171) a publié une intéressante lettre contenant le récit des injures et mauvais traitements qu'elle éprouva, le jour de la Fête-Dieu et le dimanche 17 juillet 1594, de la part de M. et Mme Durcot de l'Étang, qui lui disputaient le droit de préséance dans l'église de Chavagnes. La discorde régnait encore entre eux le 2 novembre 1496, date d'une autre lettre (2) par

1º *Christophe*, leur fils aîné, épouse Jeanne de la Bourdonnaye, en 1555

Elie, leur fils, n'a de N. du Puy-du-Fou qu'une fille, *Marie*, femme de N. Bertrand (de Saint-Fulgent), seigneur de la Mérandière.

2º *Jacques*, fils puiné de Guy, écuyer, seigneur de la Giroulière, épouse Jacquette Drapeau, en 1582.

Jacques, leur fils, épouse Françoise-Bertrande de la Roche-Henri, en 1621.

Pierre, leur fils, épouse Louise d'Albert du Plessis-au-Merle, en 1656.

René-Tristan, leur fils, épouse Marie Sapinaud, en 1683.

Philippe-Auguste, leur fils, épouse Marguerite de Chevigné de la Sicaudaie, dont il eut plusieurs fils, morts sans postérité, et une fille, *Perrine* (Mme de Tinguy de la Sauvagère), décédée à Chavagnes, le 2 mars 1792, qui fut la dernière du nom de Bruneau.

(1) Comme héritière de Jean Moreau, avocat fiscal de la châtellenie de la Roche-sur-Yon, elle fit entrer dans les archives de la Rabastelière le manuscrit dont M. Gourraud a extrait, et M. l'abbé Baudry publié dans notre *Recueil* (1re série, xiiie année, pages 169-183), le très-curieux article contenant le catalogue des livres du seigneur de la Jaunière, en 1447.

(2) Chartrier de Thouars.

laquelle elle fait prévenir le duc de la Trémoille, leur suzerain à cause de sa baronnie de Montaigu, « que Durcot fait fortifier sa maison de l'Étang en telle sorte qu'on dit que dans deux mois il la rendra assez bonne pour résister à six pièces de canon. » Elle était veuve avant le 22 juin 1597, date d'un aveu et dénombrement qu'elle rendit en qualité de tutrice de ses enfants mineurs (1).

Charles, IIᵉ du nom, leur fils, s'unit, le 16 juillet 1614, à Suzanne Tiercelin, dont le père était gouverneur de Chinon. Par une transaction, en date du 17 septembre 1623, Henri de Gondy, pair de France, duc de Retz et de Beaupreau, baron de Mortagne et de Tiffauges, etc., céda à Charles Bruneau, chevalier, seigneur de la Rabastelière, etc., tous les droits, actions, etc., qu'il possédait dans la baronnie de Montaigu : à la charge d'en acquitter les devoirs et obéissances envers le baron de ce grand fief, qui était encore alors Henri de la Trémoille, et moyennant le transport d'une rente hypothécaire de 100 livres, due par Joachim du Couédic, seigneur de Richebourg. Charles Bruneau transigea, le 26 novembre 1629, au sujet du droit de fief, sur des vignes situées aux Chapelets, à la Ferrière et à Château-Fromage, avec Gabriel de Châteaubriant, chevalier, seigneur des Roches-Baritaud et du Plessis-Bergeret, capitaine d'une compagnie de chevau-légers et conseiller du Roi en ses Conseils d'État et privé.

Le 9 décembre 1626, il avait obtenu d'Aimeri de Bragelongne, évêque de Luçon, l'autorisation de construire une église à la Rabastelière, attendu, dit-il en la demande, que le château est à une lieue et demie de Chauché, chef-lieu de la paroisse, avec des chemins mauvais, et coupés de gués. Il avait ainsi doublé la distance, qui se réduit à trois kilomètres, bien bornés, sur la route de grande communi-

______

(1) Peu de temps après, elle se remaria avec Claude du Plantys, seigneur du Landreau et de la Guyonnière.

cation nº 62 ; quant aux mauvais chemins, il était difficile d'exagérer, surtout en hiver. L'église, une fois construite, fut consacrée sous l'invocation de Saint-Charles, patron du fondateur. Des lettres-royaux, en date du mois de·février 1634, enregistrés au parlement le 4 avril, constituèrent la nouvelle paroisse sur un territoire distrait de celle de Chauché. Dotée convenablement par Charles Bruneau, elle reçut aussi d'autres dons, notamment une rente de cinq boisseaux de seigle de sa sœur Marie, femme, en premières noces, de Charles du Plantys, seigneur du Landreau, et en secondes, de Jacques Foucher, seigneur du Gué-de-Sainte-Flayve et de Longeville.

Par lettres-patentes du mois de mai 1632, enregistrées le 15 juillet suivant, la terre de la Rabastelière fut érigée en baronnie « en faveur de Charles Bruneau, seigneur du dit lieu, etc., pour services rendus au Roi en s'enfermant dans la citadelle de l'Ile de Ré, et en la défendant vaillamment sous les ordres du maréchal de Thoiras. »

Trois ans plus tard, ce brave chevalier recevait de Louis XIII des lettres de commission, datées de Paris le 10 février 1635, dont voici les principaux passages :

« Ayant jugé à propos, pour le bien de notre service, d'augmenter les forces que nous avons sur pied de quelques compagnies de cavalerie, et désirant en donner la charge à des personnes qui aient les qualités requises pour s'en acquitter dignement, nous avons su que, pour commander une des dites compagnies, nous ne pouvions faire un meilleur et plus digne choix que de vous, pour la confiance que nous avons en vos sens, suffisance, valeur et expérience du fait des armes, fidélité et affection à notre service, bonne conduite et diligence...

« La dite compagnie de gens de guerre, harnachés, armés et montés à la légère, au nombre de 90 hommes, les chefs et officiers non compris, des meilleurs que vous pourrez choisir ; lesquels vous commanderez en qualité de capitaine et chef d'iceux, conduirez et exploiterez sous l'autorité de notre très-cher et bien aimé le comte d'Aletz, colonel-général de la cavalerie légère de France, la part où et avec qui il vous sera par nous et nos lieutenants commandé et ordonné pour notre service. Et vous feront payer ensemble les officiers et chevau-légers, les soldes, états et appointements qui vous seront dûs, suivant les montres et revues qui en seront faites par les commissaires de nos guerres...; tenant la main à ce qu'ils vivent modestement et que nous n'en recevions aucune plainte. »

Aussitôt formée, cette compagnie est conduite par Charles Bruneau à l'armée que commandait le maréchal de la Force, et elle concourt à la prise de Spire.

Tant au nom de son fils aîné, absent pour le service du Roi, qu'au sien propre, Renée de la Motte, qui n'avait pas eu d'enfants de son deuxième mariage, contracta, le 25 août 1635, un échange important avec MM. de la Rochefoucault-Bayers. En leur cédant sa belle terre de l'Onglée, paroisse de Nort, près Nantes, elle reçut celles de la Merlatière et de la Jarrie, voisines de la Rabastelière. Peu de mois après, le 29 janvier 1686, elle y mourut, âgée de 80 ans. Son corps, placé dans un cercueil de plomb, fut inhumé dans la nouvelle église, avec une épitaphe énumérant ses titres et ceux de ses deux époux. Celle de Suzanne Tiercelin, femme de notre Charles Bruneau, morte le 3 mars 1629, pendant qu'on construisait l'église, nous a été conservée par le manuscrit de la famille, et mérite d'être imprimée :

> Le corps est ici seulement,
> Et ce qui, par droit de nature,
> Est enclos dans la sépulture.
> Ce que Suzanne eut de plus beau
> N'ira jamais dans le tombeau.
> Sa renommée et ses louanges
> Vivent en la bouche de tous ;
> Son âme avec les chœurs des anges,
> Son amour au cœur d'un époux.

Il ne se remaria en effet que dix-sept ans plus tard, le 25 novembre 1646, avec Marie de la Baume-le-Blanc (1), dont une nièce, alors enfant, racheta dans un couvent de Carmélites, sous le nom de sœur Louise de la Miséricorde, les fautes qui l'avaient fait nommer duchesse de la Vallière. De ce second mariage de Charles Bruneau sont nés quatre enfants, dont il sera parlé plus loin. Des neuf qu'il avait eus de Suzanne Tiercelin, deux seulement sont connus : François et Marie-Henriette. Cette dernière fut unie, par contrat du 23 septembre 1640, à Charles de Barbezières, comte de Chemerault, dont il est question dans le Rapport de Charles Colbert sur le Poitou, en 1664 (2).

François Bruneau mérite une mention particulière. Né le 15 septembre 1619, et présenté au baptême par sa grand'mère et par le comte de Fiesque, il épousa, le 7 février 1644, Charlotte-Hélie de Pompadour de Laurière. Déjà, il avait suivi sur les champs de bataille les traces de son père ; et, l'année même de son mariage, il reçut le brevet suivant : « Aujourd'hui, 1er du mois d'octobre 1644, Monseigneur le duc d'Enghien, étant à Philipsbourg, a voulu gratifier et traiter favorablement François Bruneau de la Rabastelière, baron du dit lieu, vicomte de la Jarrie, enseigne de sa compagnie de cent hommes d'armes des ordonnances du Roi. Monseigneur lui a accordé et donné la charge de lieutenant de sa compagnie de gendarmes, vacante par le décès du seigneur marquis de la Boulaye... pour icelle commander et exploiter, pour le service de Sa Majesté et de celui de mon dit seigneur, aux occasions et pour les honneurs, autorité, droits... revenus et émoluments à la dite charge appartenant, etc. »

(1) V. le P. Anselme, *Histoire généalogique... de la Maison de France*, vol. v, p. 493.

(2) V. *Etat du Poitou sous Louis XIV*, par Dugast-Matifeux, p. 105.

Comme le mariage qu'il venait de contracter, son brevet eut une fin précipitée. Le 3 août de l'année suivante, il tomba à Nordlingen, frappé de cinq blessures en combattant à la tête de sa compagnie. Son corps fut enterré sur le champ de bataille, et son cœur, enfermé dans une boîte de plomb, apporté à la Rabastelière et déposé dans l'église avec cette épitaphe :

> La France, l'Allemagne et les cieux et les arts,
> Les soldats et le monde ont fait comme six parts
> De ce grand chevalier ; car une si grand'chose
> Dedans un seul tombeau ne pouvait être enclose.
> La France a eu le cœur, qu'elle avait élevé ;
> L'Allemagne le corps, qu'elle avait éprouvé ;
> Les cieux en ont l'esprit et les arts la mémoire ;
> Les soldats le regret et le monde la gloire.

Juste ou plutôt excusable expression du moment et du lieu ; mais qui saurait aujourd'hui, sans le manuscrit enfoui au fond de la bibliothèque du château de la Rabastelière, deux fois passée en d'autres mains, que François Bruneau a succombé vaillamment et a contribué à l'une des plus belles victoires du Grand Condé (1) ?

Une fille lui était née, le 10 février précédent, pendant une éclipse de lune, interprétée, plus tard, comme un pronostic de l'événement de Nordlingen. Elle ne fut baptisée qu'après la mort de son père, sous le nom de Charlotte-Françoise, et elle épousa Charles des Cars, marquis de Merville.

Mme des Cars a laissé plusieurs ouvrages en prose et en vers, ainsi qu'un livre de piété intitulé *le Solitaire de*

---

(1) Un autre personnage du Bas-Poitou, François de Chevery, écuyer, seigneur de la Garouère, capitaine de la 2e compagnie du régiment de Monseigneur le Dauphin, contribua aussi aux victoires du Grand Condé. Blessé gravement à Sénef, 11 août 1674, il mourut à Charleroi, le 31 août suivant, ainsi que le rapporte un des registres de l'état-civil de Comméquiers. Sa famille n'existe plus dans le pays.

Terrasson (1). Sa mère, Charlotte de Pompadour, s'était remariée à Gabriel de Chateaubriant, seigneur des Roches-Baritaud.

Cependant, comme nous l'avons vu plus haut, Charles Bruneau s'était décidé, dix-sept ans après la mort de Suzanne Tiercelin, et approchant de la soixantaine, à contracter un second mariage, dans l'acte duquel il se qualifie seigneur de la Rabastelière, la Jarrie, la Jaunière et d'une partie de la baronnie de Montaigu. La mort de son fils unique, sans qu'il eût laissé d'héritier mâle, le décida certainement à cette union avec une jeune fille de vingt-trois ans et demi. Elle fut féconde, car Marie de la Baume lui donna quatre enfants : deux filles, Céleste, mariée au marquis de Choiseul, et Marie-Charlotte, femme du marquis d'Avaugour ; puis deux fils, Pierre et Charles.

La date de sa mort, omise par notre manuscrit, est ainsi rapportée par l'inscription, en relief sur une lame de bronze qu'on voit encore dans la muraille du chœur de l'église de la Rabastelière, du côté de l'Evangile : « Ici repose le corps de Messire Charles Bruneau de la Rabastelière, vicomte du dit lieu, qui a édifié, fondé et érigé l'église, cure et paroisse de céans. Il a vécu glorieusement et est mort très-chrétiennement, âgé de 61 ans, le 13 octobre 1650. »

Avant de rendre son âme à Dieu, il pouvait croire le nom de Bruneau inséparable, pour plusieurs générations de celui de la Rabastelière ; mais il n'en fut pas ainsi. Charles, son fils cadet, resta célibataire ; et Pierre, l'aîné (2),

---

(1) Le P. Anselme, vol. II, p. 232.

(2) D'après le *Dictionnaire des Familles du Poitou*, vol. I, p. 510, la branche aînée des seigneurs de la Rabastelière ne s'est éteinte qu'avec Pierre-René-François Bruneau, dernier abbé de N.-D. de Moreaux, et dernier doyen de Champigny-sur-Veude, décédé le 9 février 1814, âgé de 80 ans. Il était frère de la belle marquise de Crillon qui *mourut de mort violente, victime des calculs d'une vanité froissée.*

n'eut pas de postérité (1) d'une alliance contractée par
entraînement plutôt que par esprit de famille. Si Marguerite
le Normand lui apporta une dot, elle fut très-minime.
Or comme la maison était chargée de dettes et avait un
train fort lourd, les affaires s'embarrassèrent de plus en
plus et en arrivèrent au point que les terres furent saisies,
en 1718. Pierre Bruneau vendit d'abord, le 23 janvier 1720,
sa vicomté de la Jarrie, avec la Rallière, la Jaunière et les
métairies de la Fesselière et de la Gorollière, à Thibaut,
marquis de la Carte, et à sa femme Marie-Angélique Daguin,
pour la somme de 140,000 livres, en billets de la banque
royale ; mais ce sacrifice était insuffisant pour solder toutes
les dettes faites par son père, par lui-même et par la
famille. Afin de les acquitter, il dût aliéner encore la
vicomté de la Rabastelière, les seigneuries de Chavagnes,
la Robertière, la Mansellière, c'est-à-dire tout ce qui lui
restait, à raison de 150,000 livres, à M. et Mme Montaudouin,
en déléguant les acquéreurs pour le paiement de ses
créanciers. L'acte fut passé à Nantes, le 10 octobre 1725 ;
et les droits de mutations, nommés alors Lods et Ventes,
furent payés le 20 avril 1726 à N. Bodin, commandeur de
Saint-Jean-de-l'Aunay.

Les nouveaux propriétaires ne sont mentionnés dans
notre manuscrit que par la citation suivante, relative, en
1729, au baptême d'une cloche dont sans doute ils avaient
gratifié l'église paroissiale : « Parrain messire René de
Montaudouin, écuyer, conseiller-secrétaire du Roi, maison
et couronne de France et de ses finances, seigneur de la
Clartière, la Rabastelière, Chavagnes et autres lieux, et
dame Marie Bertrand son épouse. » Ils eurent sept enfants,
dont trois fils, René, seigneur de la Rabastelière, Nicolas,

---

(1) Leur mère, Marie de la Baume, s'était unie, en secondes noces, à
Érard du Chastelet, maréchal de Lorraine.

seigneur de la Clartière, près Machecoul, et Thomas, seigneur de la Bonnetière.

René épousa, le 9 octobre 1754, Jeanne-Elisabeth Picot d'Eprémesnil : leur fille unique Marie-Michelle mourut jeune et la Rabastelière passa à la fille de Nicolas Montaudouin.

Cette héritière, nommée Thérèse, était dans sa 18e année lorsqu'elle épousa, en 1780, dans l'église de Sainte-Croix de Nantes, René-Elisabeth de Martel, chevalier, seigneur du Pé et baron de Rié (1), âgé de 27 ans. Il décéda en 1785, laissant une fille unique, dont la mort suivit de près la sienne. La jeune veuve ne se remaria pas ; et elle ne suivit pas à l'étranger presque tous les membres de la famille Montaudouin, qui a fourni dix-sept noms à la liste des émigrés. Elle passa à Nantes le temps de la révolution ; et lorsque la pacification de la Vendée lui permit de revenir à la Rabastelière, elle honora son veuvage par de nombreux bienfaits, employant sa grande fortune au soulagement des misères répandues autour d'elle par la guerre civile, ainsi qu'à la réparation de son château, dévasté, et de l'église de Saint-Charles, incendiée. Mme de Martel vivait modestement et n'était riche que pour l'infortune. Elle est morte en 1827, laissant une mémoire vénérée.

Elle avait eu un frère, Thomas-René Montaudouin, seigneur de la Clartière, mort peu de temps après son retour de l'émigration ; aussi M. de Martel n'avait-il jamais pris le titre de seigneur de la Rabastelière.

Ses deux cousins germains, Thomas-Tobie et Patrice, fils de Thomas Montaudouin, seigneur de la Bonnetière, en la

____

(1) J'ai donné la chronologie complète des seigneurs et barons de Rié, dans les *Mémoires de la Société des Antiquaires de l'Ouest*, vol. XXXIV (année 1869), pages 161-229.

paroisse de Saint-Urbain, capitaine au régiment de colonel-général dragons et d'une demoiselle Clarke, d'origine irlandaise, n'ont laissé que des filles; le premier deux : Mmes de Morogues et de Tristan; et le second une, la marquise de Catuëlan.

En 1828, la terre de la Rabastelière fut acquise des héritiers de Mme de Martel par le comte de la Poëze, d'une famille originaire de l'Anjou, et alors établie en Touraine, mais qui, au XVIIe siècle, fut représentée en Bas-Poitou par divers de ses membres. Les registres paroissiaux de Saint-Gervais, Aizenay et même Chauché en font foi. Un Parménas de la Poëze, cité comme seigneur de la Noulière, en 1612, a dû être l'hôte de Louis XIII lorsque, revenant de son expédition contre Soubise, en 1622, ce monarque descendit à Aizenay *chez M. de la Noulière* (1).

Le comte Olivier de la Poëze, à l'occasion de son mariage avec Mlle de la Roche-Lambert, a reçu en dot la terre de la Rabastelière. Chambellan de l'empereur, il a été élu membre du Conseil général de la Vendée en 1858, et député au Corps législatif, l'année suivante. La gracieuse hospitalité des propriétaires actuels a donné une nouvelle vie au vieux château.

Notre manuscrit est muet sur sa construction, d'où il est permis de conclure qu'elle est antérieure à Charles Brúneau, c'est-à-dire à l'an 1590. Sa masse imposante paraît avoir perdu le caractère primitif, par suite des incendies et reconstructions dont on voit les traces. Elle semble indiquer l'époque de Louis XIII; mais comment concilier cette opinion avec le silence du manuscrit qui donne de grands détails sur la construction de l'église à pareille date ?

(1) V. *Mémoires d'Héroard, médecin de Louis XIII.*

La vue dont on y jouit s'étend jusqu'à la chapelle des Allouettes et au bois de la Folie, près Pouzauges, distants de sept à huit lieues.

CH. DE SOURDEVAL.

ESSAI

SUR

LA TOPOGRAPHIE MÉDICALE

DU POITOU

ET SPÉCIALEMENT

DU DÉPARTEMENT DE LA CHATAIGNERAIE

Par le docteur Jean-Gabriel GALLOT,

député du Poitou aux Etats-Généraux de 1789, membre de l'Assemblée Nationale
Constituante (1).

La topographie médicale de chaque canton est devenue,
depuis quelques années, un objet de recherches intéressantes, surtout depuis que la Société royale de Médecine a
accordé des prix d'encouragement sur cet objet. Peu de

(1) Prochainement, l'*Annuaire* publiera une Notice succincte sur notre
très-savant et recommandable compatriote. Son *Mémoire,* non moins
intéressant pour la statistique du Poitou que sur la topographie médicale,
a été honoré d'un jeton d'or par la Société de Médecine de Paris, en
1790. Les évènements politiques ont seuls empêché de l'imprimer, comme
l'a été le principal ouvrage de notre auteur.

Le manuscrit original de l'*Essai* a été découvert dans les Archives de
l'Académie de Médecine, par M. Dugast-Matifeux. C'est d'après la copie
qu'il en a fait prendre, et qu'il a bien voulu mettre à la disposition de la
Société d'Emulation, que nous en reproduisons le texte.

temps après l'établissement de cette Compagnie savante, le 9 janvier 1777, j'eus l'honneur de lui adresser quelques vues générales sur ma province et le canton que j'habite. Des occupations trop multipliées, principalement occasionnées par les épidémies successives qui ont eu lieu depuis 1779, et le dérangement de ma santé qui en a été la suite, ne m'ont pas laissé le loisir de rédiger des détails plus étendus sur cette matière. Cependant, la Société paraissant désirer des renseignements particuliers sur chaque canton, je crois entrer dans ses vues, en lui offrant mes observations sur la contrée où je réside et des idées générales sur toute ma province; c'est pourquoi je me propose de considérer :

1º Le Poitou en entier, en faisant connaître son étendue, ses divisions, ses différents terrains, ses rivières, ses productions, ses habitants, etc. ;

2º Le canton ou département (1) de la Châtaigneraie en général, et en particulier un certain nombre de petites villes ou bourgs qu'il renferme;

3º Les maladies les plus ordinaires, tant générales que particulières, leurs causes, leur traitement, etc., etc.

Ce plan exigerait plus de détails que ceux dans lesquels je pourrai entrer; il exigerait surtout des talents supérieurs aux miens; mais je compte sur l'indulgence de la Société, en me persuadant que, malgré qu'elle soit accoutumée à recevoir de meilleurs ouvrages que celui-ci, elle daignera me tenir compte de mon zèle et de mes efforts, pour concourir à l'exécution de son grand ouvrage sur la topographie médicale de la France. La collection des *Mémoires de*

---

(1) Les mots *département* et *canton*, adoptés pour la nouvelle division de la France, ne désignaient, avant 1789, que des circonscriptions arbitraires, comme celle formée par le Dr Gallot, en prenant pour centre la ville de la Châtaigneraie.

la Société royale de Médecine, l'ouvrage intéressant de
M. Lepecq de la Clôture, *sur les Maladies épidémiques de la
Normandie*, le *Journal de Médecine militaire*, devenu si
précieux par le mérite de son rédacteur, enfin, celui de
Médecine de Paris, tous ces recueils contiennent des
Mémoires supérieurement traités sur la topographie médicale des différentes villes et cantons du royaume. Mon dessein était d'abord d'en prendre quelques-uns pour modèle ;
mais j'ai renoncé à ce projet, parce qu'il me semble qu'on
fait toujours moins bien, ou plus mal, quand on règle ses
idées sur un plan tracé par un autre. De plus, chaque
pays, chaque contrée ont, par leur nature même, des circonstances physiques et morales offrant des divisions qui
ne se trouvent point ailleurs et qu'on est obligé de suivre.
Je me suis donc décidé à n'agir que d'après moi-même.
Heureux si mon travail mérite les suffrages de la Compagnie
célèbre à laquelle il est présenté.

Ire SECTION

DU POITOU EN GÉNÉRAL

Le Poitou, placé entre les 46e et 47e degrés de latitude
septentrionale et les 15e, 16e, 17e et 18e degrés 45 minutes
de longitude, se trouve par là presque au milieu de la
France, du midi au nord, et offre une température
moyenne entre celles des provinces méridionales et celles
des septentrionales. On lui donne 75 lieues du levant au
couchant, et 25 du midi au nord. Il est borné au nord par
la Bretagne et l'Anjou ; au midi par l'Aunis, l'Angoumois
et la Saintonge ; au levant par la Touraine, le Berry et la
Marche ; au couchant par la mer de Gascogne.

Je n'entrerai point dans des discussions historiques sur
cette province, on les trouve partout ; je me bornerai à ce

qui est de mon objet. La principale division du Poitou est en Haut et Bas ; le 1er est à l'est et le 2e à l'ouest. Poitiers, qui est la capitale de tout le Poitou, l'est spécialement du Haut, comme Fontenay-le-Comte l'est du Bas. Les villes principales du Haut-Poitou sont : Poitiers, Châtellerault, Loudun, Richelieu, Thouars, Mirebeau, Parthenay, Saint-Maixent, Niort, Civray, Montmorillon, Confolens, etc. Le Bas-Poitou renferme : Fontenay, Luçon, les Sables, Saint-Gilles, Palluau, Montaigu, Châtillon, Mortagne et plusieurs autres villes plus petites, telles que : les Essarts, Pouzauges, la Châtaigneraie, Vouvant, Mareuil, etc. Le Haut-Poitou se divise en plaine, bocage ou gâtine, petit pays connu sous ce nom, dont Parthenay est la capitale, et où on ne cultive point de vignes, en landes et pays vignobles ; le Bas-Poitou, en plaine, marais mouillés et desséchés, côtes, quelques vignobles, landes, bocage, etc.

Les principales rivières sont : la Vienne, le Clain, la Dive, le Thoué et la Sèvre-Niortaise dans le Haut-Poitou ; les deux Lay, la Sèvre-Nantaise, l'Autise et la Vendée dans le Bas ; presque toutes susceptibles d'être navigables, quoiqu'il n'y ait que la Sèvre-Niortaise et la Vienne qui le scient. Elles sont assez poissonneuses et baignent des prairies plus ou moins fertiles.

Montagnes. — Il n'y en a point de proprement dites, mais beaucoup de collines, d'élévations dans toute la province. Il y a principalement une espèce de chaine assez remarquable, qui commence au-delà de Cholet, passe par les Herbiers, Saint-Michel-de-Mont-Mercure, Pouzauges, Montournois, l'Absie, Secondigny, et se perd dans le Haut-Poitou, au-dessus de Saint-Maixent. En général, tout le bocage est plus ou moins inégal.

Diversité de terrains. — Notre province est peut-être une de celles du royaume où il y ait une plus grande diversité de terrains. Les plaines de Poitiers et du Mirebalais sont bien différentes de celles de Niort, de Luçon ou de Fontenay. Il y a la même différence, et une plus grande encore dans les divers cantons du bocage ; les environs de Cholet ou de Mortagne ne ressemblent point à notre gâtine, ni au bocage du côté de Poitiers et de Saint-Maixent. La diversité de terrains dépend de la différente culture, des pierres de chaque canton, aussi il y en a de bien des espèces dans cette province ; le petit canton que j'habite offre presque toutes les variétés en ce genre, à l'exception des marais.

On trouve dans le département de la Châtaigneraie des terres de toute qualité. Les détails où j'entrerai successivement à cet égard, me dispenseront de ceux qui devraient être placés ici ; mais je n'offre que des vues très-générales. De plus, la Société médicale a déjà reçu des Mémoires intéressants sur la topographie de plusieurs cantons, et je ne puis mieux faire que d'y renvoyer.

Minéraux. — Si le Poitou possède les variétés les plus multipliées dans les terrains, il doit en être de même pour les carrières et les minéraux ; aussi s'en rencontre-t-il de presque toutes les espèces. Les pierres de taille sont abondantes dans tous les pays calcaires, vers Luçon, Fontenay, Niort, Saint-Maixent, Poitiers ; et le granit, connu sous le nom de *grison*, est commun dans une partie de notre bocage. Dans la gâtine, principalement aux environs de Parthenay, Bressuire, Châtillon, Mortagne, il y a différentes espèces de ce granit, surtout celui à mica noir, à mica jaune et blanc. On trouve dans les environs de Mortagne, à Chambretaud, des pierres ou quartz transparents, qui souffrent la taille et sont connus sous le nom de *diamants de Chambretaud ;* on en fait d'assez jolies bagues. Il y a dans le Haut-Poitou, à la Bonnardelière, des marbres assez beaux ; il y a même une carrière de cette nature dans mon canton, près de Coulonges-les-Royaux. Dans plusieurs endroits du Haut-Poitou, surtout vers Châtellerault, on rencontre des carrières de silex, propres à faire des meules de moulin pour le froment ; il y a aussi des carrières de pierres meulières dans mon voisinage, à deux ou trois lieues au S.-O.; mais cette pierre n'est bonne que pour les gros blés. En général, tout le bocage est sur un fond de granit ou de schiste, et le quartz blanc est très-commun ; la plaine sur un fond calcaire où il y a beaucoup de fossiles.

Mines. — Les plus connues de la province sont : une d'argent, près les Sables, sur les bords de la mer, en exploitation depuis huit à dix ans ; une d'antimoine, paroisse du Boupère, près de Pouzauges, en exploitation depuis quinze à dix-huit ans et d'assez grande production : l'antimoine est de qualité supérieure et est expédié presque tout pour l'étranger ; des mines de fer, à la Payrate, du côté de Parthenay, assez abondantes, où il y a une forge assez considérable ; enfin des mines de charbon de terre qui n'ont pas été convenablement exploitées, dont une à deux lieues de chez moi, dont je parlerai dans la suite. Les terres propres à la poterie, à la faïence même, et pour les tuiles et briques, sont généralement assez communes dans presque tous les cantons, tant dans le Haut que dans le Bas-Poitou.

Eaux minérales. — Un pays qui renferme autant de minéraux doit être riche en sources minérales ; aussi sont-elles assez multipliées, et j'ai eu l'honneur, depuis 1776, de présenter successivement à la Société différentes recherches sur cet objet. Outre la fontaine de Billazay, près Thouars, Caudé, près Loudun, et la Roche-Pozay, aux environs de Poitiers, sources que je n'ai pas examinées et qui sont dans le Haut-Poitou, il y a dans le Bas-Poitou les eaux des Fontenelles et de la Brossardière, près la Roche-sur-Yon, que j'ai analysées de 1776 à 1778, ainsi

que celles de Réaumur, Boisse et la Ramée (1), celles de
Saint-Laurent-sur-Sèvre et Mortagne, en 1783 et 1784 ;
celles du Poët, de Pouzauges la Touche, près de Rocheservière, en 1784. Toutes ces eaux sont plus ou moins
ferrugineuses, et seraient très-avantageuses si elles étaient
mises en valeur et plus connues, car il en est plusieurs,
surtout celles des Fontenelles, de la Touche, de la Babi-
nière près Saint-Laurent, du Poët et de Réaumur, qui
seraient autant et plus utiles, dans bien des circonstances,
que d'autres plus renommées, par exemple que celles de
Jouannette, qui ont acquis beaucoup de célébrité quoique
j'aie des observations de leur peu d'efficacité dans bien
des cas.

Culture. — Les productions végétales ne sont pas moins
variées que les minérales. Nos plaines, surtout celles des
environs de Niort, Fontenay et Luçon, sont comptées au
rang des plus fertiles, et les marais desséchés le sont
encore davantage. Le froment, les orges et les fèves y
viennent abondamment ; mais l'intempérie des saisons et
la misère ont rendu, depuis un certain nombre d'années,
les récoltes moins productives partout. Nos bocages donnent
moins de bleds, mais encore fournissent-ils de bon seigle ;
celui des environs de Bressuire est renommé ; il s'y cultive
aussi du froment, en petite quantité, de l'avoine et du
sarrasin, et du mil dans le Bas-Poitou. Malgré la fertilité
de quelques parties du Poitou, l'agriculture n'y est pas
généralement en vigueur, et les mauvaises terres, qui sont
en bien plus grande quantité que les bonnes, sont mal
cultivées. Les terres incultes, les landes qu'on a voulu
défricher ont si peu rapporté aux propriétaires ou aux
fermiers qu'on renonce à ces entreprises. La principale

(1) Voyez mon *Mémoire* inséré dans le Ier volume des *Mémoires de la
Société de Médecine* et l'ouvrage de M. Carrère.

cause de cette mauvaise culture c'est la misère répandue
dans tous les cantons, même les meilleurs, et dans toutes
les classes de la société, surtout depuis les années désastreuses de 1785 et 1786; mais ce n'est pas ici le lieu d'entrer
dans des détails affligeants sur cet objet. Le Poitou, en
général, est assez bon pour les pâturages et fourrages, et
il s'y élève des bestiaux de toute espèce. Les vignobles les
plus considérables sont du côté de Poitiers, vers Thouars,
Niort, Fontenay, Luçon et sur les côtes ; les vins du Poitou
sont peu renommés quoiqu'il y ait quelques crus passables.

Bois. — Ils sont assez abondants dans cette province,
mais beaucoup moins qu'autrefois depuis que les exploitations des futaies se sont multipliées et qu'on a arraché les
taillis. Les arbres les plus communs sont le chêne, l'ormeau, le frêne, le peuplier-tremble, l'aune noir ou vergne
et le châtaignier. Le hêtre, le chêne vert, la charmille, le
bouleau, le peuplier, le sycomore, l'alisier sont moins multipliés. Les arbrisseaux et sous-arbrisseaux sont : le houx,
les saules, l'aubépine, l'églantier, la bourdenne, le petit
érable, le sureau, le fusain, le troëne, le noisetier, le
genêt, l'ajonc; le genévrier, l'épine-vinette, dans quelques
cantons. Nos vergers contiennent les arbres fruitiers les plus
communs, et il y a des cantons très-abondants en fruits.
Les noyers sont spécialement cultivés en Haut-Poitou et
dans quelques parties du Bas, aussi on y fait un assez
grand usage de l'huile de noix pour les aliments.

Plantes. — Elles sont très-nombreuses dans les différentes
parties de cette province. Outre les plus ordinaires qui servent de nourriture aux bestiaux, on trouve dans nos champs
et dans nos bois : le serpolet, la germandrée, le mille-
pertuis, la petite centaurée, la camomille, le lierre-ter-
restre, la bugle, la brunelle, l'eupatoire, le petit-chêne, la
mélisse de nos prés, tout émaillés par les orchis, les pri-
mevères de plusieurs espèces, des narcisses, des renoncules,

des lotiers, des coronilles, etc., etc. Le colchique d'automne, l'asphodèle blanc, la grande digitale, l'*adoxa-morchatilliva*, la clandestine, la sanicle, la lobèle brûlante, etc., sont des plantes assez curieuses et recherchées par les botanistes. Le *trapa-natans* décore nos étangs ; les ruisseaux sont bordés par l'œnanthe *crocata* ; les impératoires, les verges dorées, la salicaire, la grande consoude, la guimauve, l'ulmaire, le houblon et les différentes espèces de fungus sont nombreuses. La morille, le champignon, la ragoule, le sèpe, l'oronge, le mousseron et beaucoup d'autres sont recherchés par les friands ; mais souvent l'imprudence dans le choix cause des accidents funestes, et il y a peu d'années où il n'y ait des scènes affligeantes à cet égard ; aussi il y aurait de la sagesse de la part de la police de défendre la vente de ces végétaux dans les marchés.

Animaux domestiques. — Les animaux destinés à nos besoins sont comme ailleurs : le cheval, l'âne, le mulet, le bœuf, la vache, la brebis et le cochon. Toutes ces espèces de bestiaux sont plus ou moins multipliées et de plus ou moins belle race, selon le sol qui leur est le plus propre. Par exemple, il s'élève beaucoup de chevaux dans les marais du Bas-Poitou ; les marchands normands viennent les acheter poulains, pour les laisser jusqu'à l'âge de quatre ou cinq ans dans les gras pâturages de leur province. On tire aussi des marais de la Garnache et Saint-Gervais une grande quantité de belles juments d'attelage pour la capitale, tandis que presque tous les chevaux de selle et de bât dont on se sert dans notre province viennent de Bretagne. Le Mirebalais fournit des ânes de la belle espèce ; les mules et les mulets s'élèvent dans le bocage, et principalement dans celui du Haut-Poitou ; ils servent pour les meuniers et pour le labourage des belles plaines de Fontenay et Luçon. Il s'en vend une plus grande quantité à des juifs du Languedoc pour l'Espagne ; l'Auvergne en tire aussi. Les bœufs sont employés dans le bocage et le marais pour la culture, les ânes pour les terres légères du Haut-Poitou. La Bretagne achète nos jeunes bœufs, la Touraine ceux de cinq à six ans pour la charrue, et les vieux s'engraissent pour la capitale et pour la Normandie.

Nos bêtes à laine ne sont pas partout de la belle espèce; celles du marais sont de la plus grande, mais ne réussissent que sur leur sol natal ; les plus belles ensuite sont celles du Haut-Poitou, vers Saint-Maixent, et dans le Bas-Poitou aux environs de Mortagne : dans la plaine et le bocage surtout, elles sont plus petites et dégénérées. Les meilleures laines se trouvent dans les plaines vers Fontenay et Niort, et dans celles vers Mirebeau, Airvault, etc. L'usage des parcs n'est pas généralement adopté ; les domestiques sont à peine connus. On a fait quelques essais qui font présumer que, par ce moyen et en améliorant les races, on parviendra à donner à nos laines la supériorité dont elles sont susceptibles ; si on réussit on le devra à M. Daubenton, dont on commence à étudier les ouvrages.

Animaux sauvages. — Nos forêts sont habitées par les sangliers et les cerfs ; les chevreuils ne se trouvent que dans quelques bois du Haut-Poitou. Les loups et les renards étaient beaucoup plus communs autrefois qu'ils ne le sont actuellement. Les lapins sont nombreux dans les garennes et les lièvres dans nos halliers ; la loutre, la fouine, le putois, le blaireau, la genette, l'écureuil, le hérisson habitent nos taillis ou nos clapiers.

Oiseaux. — Les oiseaux sauvages sont en très-grand nombre, et ceux de basse-cour sont les mêmes que partout. Les perdrix rouges et grises de notre bocage sont très-estimées : les faisans se trouvent dans les forêts du Haut-Poitou ; les cailles, râles de genêt, bécasses et bécassines, grives, mauvis, ramiers, tourterelles se rencontrent chacun dans leur saison. Le cygne, le héron, la cigogne, la spatule viennent, aux grands froids, joindre, dans les marais et dans d'autres lieux humides, les oies et les canards sauvages de différentes espèces. Les pluviers, vanneaux et autres oiseaux aquatiques paraissent souvent dans le bocage pendant l'hiver. L'avoulte se trouve dans les environs de Luçon. La grande outarde, connue sous le nom de *bitard*, habite les plaines les plus découvertes de Niort, Fontenay et Luçon. La cannepétière (improprement ainsi nommée et regardée par quelques auteurs comme une petite outarde) se voit quelquefois, mais elle est plus commune dans le Haut-Poitou. Nos bois et nos haies sont peuplés par le merle, le pinson, le chardonneret, la linotte, le rossignol, le bouvreuil, le gros-bec, la mésange, le roitelet, etc. Le moineau ravage nos greniers, le martin-pêcheur se fixe sur nos ruisseaux, et en fait l'ornement ; l'alouette est commune principalement eh Haut-Poitou ; l'hirondelle, l'étourneau, le loriot, le coucou sont exacts à revenir chaque année ; le picvert, le geai, la corneille, le corbeau, la pie, mêlent leurs cris et leurs coassements aux concerts mélodieux des chantres de nos campagnes. L'épervier, l'autour, le tiercelet, la buse leur font la guerre pendant le jour ; le hibou, la chouette, l'orfraie, la chevêche pendant la nuit, et interrompent, par leurs cris perçants, le calme de nos retraites champêtres.

Insectes et Reptiles. — Ils sont communs, et le célèbre naturaliste, M. de Réaumur, par le long séjour qu'il a fait dans une terre dont il prit le nom, a trouvé dans notre Bas-Poitou les premiers échantillons du beau cabinet qu'il donna au Roi. Les vipères du Poitou sont en réputation et offrent même une petite branche de commerce.

Poissons. — Nos rivières et nos étangs fournissent des anguilles, carpes, brochets, brêmes, tanches, perches. La Sèvre-Nantaise, le Clain, la Vienne sont très-renommés pour fournir des poissons de bonne qualité. Les écrevisses se trouvent dans les petits ruisseaux où l'eau est très-vive ;

la truite est très-abondante dans le Haut-Poitou ; les meuils ou mulets, sont très-multipliés sur les côtes et dans les canaux de nos marais qui les avoisinent, et il se pêche sur toutes ces côtes du poisson très-délicat, surtout les soles, raies, loubines, turbots, grondins que l'on prend dans la rade des Sables et de Saint-Gilles. Les sardines sont très-estimées et procurent à ces ports une branche de commerce assez considérable, dans les années où la pêche de ce petit poisson est abondante... Le port des Sables fait aussi le commerce de la morue et arme plusieurs navires pour cette pêche, au grand banc de Terre-Neuve ; enfin il s'y charge la plus grande partie des sels qui se préparent dans les marais salants du Bas-Poitou.

Habitants. — Mais il est temps d'abréger cette espèce de nomenclature, trop longue pour des vues générales, et trop abrégée pour donner une juste idée des productions de la province dont je dois maintenant faire connaître les habitants.

Les Poitevins ont, comme partout, un tempérament et des mœurs qui dépendent du sol qu'ils habitent : très-grossiers dans nos marais, un peu moins dans nos plaines, encore moins lourds et pesants dans le bocage ; mais beaucoup plus sveltes, plus vifs en allant vers l'Anjou et le Haut-Poitou, du moins pour le bocage qui est la partie la plus peuplée.

Dans la plaine, le paysan, toujours occupé à cultiver la terre, vivant mal et peu en société, n'a pas l'espèce de civilisation de nos habitants de gâtine ou de bocage qui, livrés davantage au commerce, aux manufactures et aux arts, jouissent un peu plus des commodités de la vie. Mais ceci ne doit s'entendre que du villageois aisé (qui forme le très-petit nombre), car les pauvres sont encore plus nombreux dans le bocage que dans la plaine, et partout à peu près les mêmes : mal logés, mal vêtus et ne trouvant leur subsistance que dans une mendicité aussi déshonorante pour les riches, qu'humiliante et laborieuse pour les malheureux qui, dès le berceau, sont dévoués à cette vocation pénible et flétrissante pour l'humanité. Aussi nos chemins sont-ils en tout temps couverts de femmes, d'enfants, de vieillards, et même d'hommes robustes, qui courent, surtout pendant les temps les plus rigoureux de l'hiver, chercher quelques morceaux de pain, arrachés souvent à l'importunité ; car outre que les gens appelés riches ne sont pas toujours fort à l'aise, la bienfaisance et la charité ne sont pas les vertus les plus pratiquées, quoique étant celles dont on parle le plus et dont on veut même faire parade.

Le Poitevin est en général d'une taille moyenne. Il se rencontre même de beaux hommes, lorsque la misère ne s'est pas opposée au développement d'une belle constitution naturelle. Il passe pour être mou et paresseux, ce qui tient encore plus à l'indigence qu'au physique, car on peut dire que les Poitevins ont assez d'intelligence. Le courage, l'activité, l'émulation leur manquent principalement. Malgré l'espèce de préjugé qu'il y a contre eux, peu de provinces ont fourni autant de grands hommes ; la ville de Fontenay à elle seule en compte un assez grand nombre. (1)

Les artistes en différents genres y sont assez communs, surtout parmi les ouvriers en bois et en fer. Il y a quelques manufactures d'étoffes grossières. Dans différents cantons de cette province, surtout dans la gâtine, à Niort, Fontenay et dans une partie du bocage ; mais on ne tire pas tout le parti possible de nos laines, susceptibles d'amélioration en s'attachant à celle des troupeaux. On s'occupe de la fabrique de toiles et mouchoirs en allant vers l'Anjou, dans les

______

(1) Voir à ce sujet la *Bibliothèque historique du Poitou,* par Dreux du Radier, et l'*Encyclopédie.*

environs de Cholet ; quelques papeteries fonctionnent dans les environs de Mortagne ; à Saint-Maixent il y a une fabrique de bonnets et bas de laine drapés ; les chamoiseries de Niort ont une certaine réputation, ainsi que les coutelleries de Châtellerault. Le commerce le plus considérable de la province est en général celui des bestiaux de différentes espèces, et celui du blé où des bois pour les marchés d'Aligre-Marans.

Le tempérament général du Poitevin varie selon le sol qu'il habite ; il en est de même des maladies auxquelles il est le plus sujet. Les habitants des plaines, du bocage et du marais, éprouvent les maladies dépendantes de ces situations. Cependant on peut dire que, depuis un certain nombre d'années, les causes locales ont paru moins agir que les générales, ainsi que je l'ai exposé dans les différents mémoires que j'ai eu l'honneur d'adresser à la Société depuis 1776, et surtout dans mon Recueil imprimé. L'anomalie des saisons, les variations subites dans la température, ont singulièrement agi dans tous lieux possibles, et en exaltant la cause éminemment bilieuse qui me paraît avoir principalement existé depuis 1779. Ces intempéries ont déterminé successivement des fièvres catarrhales, des fièvres bilieuses, des dyssenteries, ainsi qu'il est exposé dans l'article des causes des maladies populaires (1) : et ce que je dirai sur les maladies les plus communes dans mon canton, pourra s'entendre, à très-peu de différence près, de toute la province.

(1) Voyez n° 66, adressé ci-devant à la Société de médecine, et qui doit former la 2e partie de cet essai.

IIᵉ SECTION

DU DÉPARTEMENT DE LA CHATAIGNERAIE EN PARTICULIER

Le canton que j'habite est dans la partie du Bas-Poitou qui touche les plaines de Luçon, Fontenay et Niort, et s'étend dans le bocage connu sous le nom de gâtine. La Châtaigneraie peut être regardée comme le chef-lieu de ce canton, borné à peu près à l'ouest et au sud-ouest par la route de Niort à Nantes, ou par les paroisses limitrophes de cette route, au sud par l'Autise et la Vendée, à l'est par la gâtine, et au nord par la Sèvre-Nantaise et le Grand-Lay. Il y a dans ce canton de toute espèce de terrains, excepté des marais, comme je l'ai déjà dit, et comme on le verra par les détails dans lesquels je vais entrer, et en consultant les cartes topographiques de Cassini, d'après lesquelles je parle.

La Châtaigneraie est située à peu près au centre du petit pays que j'habite, à trois quarts de lieue de mon domicile (1). Cette petite ville est placée à environ 46° 45' de latitude et à 16° 50' de longitude, sur un coteau de pierres schisteuses, exposée au midi et ayant au nord et à l'est des roches quartzeuses. La Châtaigneraie contient environ 260 feux et 1,300 habitants, qui sont occupés en partie à la fabrique de grosses étoffes de laine, reste de manufactures très-considérables.en ce genre, et tombées par les émigrations de la fin du dernier siècle; d'autres à différents métiers, et en assez grand nombre de voituriers, la plupart tous pauvres, comme les journaliers, parce qu'il n'y a au-

(1) Voyez ce qui est dit de la situation de Saint-Maurice-le-Girard, dans le 1ᵉʳ vol. des *Mémoires de la Société de médecine*, p. 131 et 132.

cun établissement de charité et parce que la misère y est extrême, depuis quelques années principalement, ainsi que dans toutes nos campagnes. Les maisons sont assez bien bâties et les rues bien pavées et percées, en ayant plusieurs, du nord au sud et de l'est à l'ouest, qui offrent des courants d'air avantageux. Le cimetière de la seule paroisse du lieu est placé au nord et sur le haut; il y a près de là un couvent de Dominicains. La Châtaigneraie a un siège royal, une justice seigneuriale, un bureau des aides, un des contrôles, un de poste aux lettres, une caserne pour une brigade de maréchaussée, quelques foires assez fréquentées et des marchés intéressants pour le canton, tous les samedis. Les eaux sont bonnes, du moins celles de quatre à cinq fontaines, placées assez près de la ville pour fournir aux besoins de tous les habitants. Il y a des puits dans plusieurs endroits, et même beaucoup de maisons en ont, mais leurs eaux ne sont pas bonnes à boire. Les environs de la Châtaigneraie, au sud, sont bien cultivés et offrent un coup d'œil assez agréable; il n'en est pas de même à l'est où sont des terrains couverts d'ajoncs et de brandes; au nord, c'est un bocage varié, en partie cultivé; à l'ouest, est une roche, partie plantée en bois et en vigne, qui, ainsi que celles du canton, donnent un vin de très-médiocre qualité, le plus souvent vert et faible. Le seigle, l'avoine et le blé noir sont les grains les plus communs dans le canton, comme dans tout le bocage. Il y a une culture assez importante dans les jardins de cette ville : c'est celle des betteraves et des oignons, dont il se fait même une espèce de petit commerce qui diminue un peu la misère des habitants. Leur nourriture est à peu près la même que celle de tout le peuple de notre bocage. Le pain est de seigle, presque toujours mélangé avec l'orge, l'avoine ou le blé noir; ce pain, mangé le plus souvent sec ou trempé dans un mauvais bouillon, des légumes, des fruits, forment la bonne chère de nos paysans, et encore ils n'en ont pas toujours.

Les bourgs et paroisses les plus voisins de la Châtaigneraie, tels que Saint-Maurice-le-Girard, Antigny, la Tardière, Cheffois, le Breuil-Barret, Saint-Pierre-du-Chemin, etc., n'offrent rien de remarquable. Cette dernière paroisse, à une lieu environ de la Châtaigneraie, a des carrières d'une espèce de pierre mélangée de schiste et de silex d'une couleur rougeâtre, qui se taille, résiste au feu et à la gelée. Elle a peu d'épaisseur, huit à dix pouces au plus; mais il y en a de plusieurs pieds de longueur et largeur. On s'en sert pour appui de croisées, corniches, pour soutenir les tuiles des toits, pierres de cheminées, de puits, etc. Dans cette même paroisse, et près de ces carrières, on trouve des schistes très-analogues à l'ardoise d'Angers. Les roches graniteuses commencent à se trouver dans toutes les paroisses en deçà et au-delà de la Sèvre-Nantaise en tirant vers l'Anjou. La plus grande partie du peuple de toutes ces paroisses du bocage est occupée à la filature des laines et aux métiers pour les grosses étoffes connues sous le nom de cadisés, droguets, serges, etc.

Réaumur, situé à deux lieues nord-ouest de la Châtaigneraie, est un bourg moins considérable qu'il n'est connu par le nom qu'il a donné au célèbre naturaliste qui en était seigneur et qui y a passé partie de sa vie. Dans la prairie du château, il y a une fontaine d'eau minérale ferrugineuse. Le bourg est dans un fond vis-à-vis les hauteurs de Pouzauges, qu'il a au nord, sur la route d'Angers à La Rochelle, mauvaise et peu fréquentée depuis qu'il en a été établi de nouvelles où passent les troupes. Le terrain de Réaumur est sur un fond schisteux; on y tire même de très-belles pierres à bâtir et cristalisées en rhomboïdes assez grands. Feu M. Guettard me fit l'honneur de me dire, en 1778, que cette espèce de schiste l'avait intéressé dès les premiers voyages qu'il avait faits chez son ami, M. de Réaumur; et c'est dans ces voyages qu'il a eu l'occasion d'observer les plantes de notre province dont il parle dans l'appendice de son ouvrage sur les plantes des environs d'Etampes (1).

Tout ce terrain est fort inégal, ainsi que celui de toutes les paroisses voisines au nord et à l'est, surtout celle de Montournois qui est grande et touche celle de Réaumur. A l'ouest et au sud sont les paroisses de la Meilleraye, Tillay, Mouilleron et Cheffois. Le Lay y prend sa source. La culture est la même que dans le canton de la Châtaigneraie. Jusque sur les bords de la Sèvre-Nantaise, le pays est plus ou moins couvert et plus ou moins inégal. On sème seulement du froment rouge dans les terres humides; ce qui a lieu dans tout le bocage.

La Forêt-sur-Sèvre est un bourg placé sur la Sèvre-Nantaise, à trois lieues nord de la Châtaigneraie. Il est remarquable par un ancien château, possédé et habité autrefois par l'ami de Henri IV, le célèbre Duplessis-Mornay, qui y a été enterré. On trouve encore dans les ruines de ce château des choses assez intéressantes, qui ont échappé aux ravages du temps et des guerres intestines. Ce canton est entièrement semé de roches graniteuses, qui sortent de terre de toutes parts, et il y en a d'un volume très-considérable. Toutes les paroisses limitrophes de la rivière de Sèvre sont de cette nature et ont pour sol un fonds de sable assez bon pour le seigle. On n'y rencontre point de vignes, ce qui a lieu sur tous les fonds de granit ou grison. Les fabriques d'étoffes occupent la plus grande partie des habitants. Toute cette contrée est très-élevée, inégale et plus ou moins découverte, et a des bois considérables vers les Moutiers, Saint-Etienne, la Chapelle-Seguin (on avait entrepris, depuis quelques années, à la Chapelle-Seguin, une verrerie qui n'a pas eu de succès). Il y a dans cette paroisse, près de l'abbaye de l'Absie, une source minérale

(1) *Observations sur les plantes*, par Guettard, de l'Académie des sciences. Paris, 1747, 2 vol. in-12, fig.

ferrugineuse que je n'ai encore examinée que par les réactifs. Je pourrai l'analyser par la voie sèche et en faire part à la Société. Près de là se trouvent Seillé, le Buceau, Faymoreau, la Chapelle-Tireuil, etc. Je ne crois pas devoir parler ici, en détail, des paroisses au delà de la Sèvre, nouvellement réunies au département de la Châtaigneraie, savoir : Moncoutant, Courlay, Largeasse, Pugny, etc., parce que la Société doit en avoir reçu des renseignements par M. Berthelot, médecin de Bressuire.

Coulonges est un bourg situé à quatre lieues de la Châtaigneraie, où il y a bureau des aides et des contrôles et une justice seigneuriale assez active. Il est considérable par ses marchés et possède un minage très-fréquenté. Il y a un grand nombre de tanneries et une fabrique d'étoffes qui, autrefois, était assez importante ; mais cette branche de commerce est tombée, ainsi que dans toute la Gâtine, depuis les révolutions que cette province a essuyées sur la fin du dernier siècle (1), de même que plusieurs autres du royaume. Dans le voisinage de Coulonges, il y a une carrière de marbre qu'on a abandonnée, l'exploitation en ayant été mal dirigée. Malgré la situation assez avantageuse de ce bourg et de cette paroisse dans une plaine aérée, malgré que les eaux soient salubres, les maladies y sont fréquentes, surtout les catarrhales qui, encore cette année, y on fait des ravages.

Vouvant. — Du bourg de Coulonges pour se rendre à Vouvant, on traverse les paroisses de Saint-Jean-de-Beugné, Foussay, et celles de Puy-de-Serre, Saint-Maurice-des-Noues, limitrophes d'une vaste forêt, sur les bords de laquelle est située la petite ville dont elle porte le nom, et qui est dans un état de la plus grande dégradation. Ses murs et fortifications sont presque entièrement détruits,

____

(1) C'est-à-dire par la révocation de l'Edit de Nantes, en 1685.

ainsi qu'un château très-fort placé, comme la ville, sur une petite colline entourée de rivières et d'élévations. Vouvant est surtout tombé en ruines depuis 1699, époque de la translation de son siège royal à la Châtaigneraie, et n'est plus connu que par ses foires. Dans le voisinage de cette ville, au nord, on a ouvert, il y a douze à quinze ans, une mine de charbon de terre dont l'exploitation n'a pas eu de succès, faute de fonds suffisants pour multiplier les puits et les galeries. Ce charbon, du moins celui qu'on en a tiré, n'était pas d'excellente qualité, de celle appelée *bouyas* par les Espagnols, selon le témoignage de feu M. Morand, médecin, qui s'est livré à beaucoup de travaux sur ce genre de bitume. Il y a, dans les paroisses de Saint-Cyr-des-Gâts et l'Hermenault, situées au S.-O. de Vouvant, des carrières de pierres meulières assez considérables. Dans la paroisse de Bourneau on fabrique une grande quantité de chaux, tuiles et briques.

Chantonnay. — De Vouvant pour se rendre à Chantonnay, qui est l'endroit le plus considérable du reste de mon département, on traverse les paroisses de Cezay, Saint-Sulpice, Thoursay, le Bouildroux, la Caillère, Saint-Hilaire, la Jaudonnière et Saint-Philbert, partie en plaine sur un fonds calcaire, partie en bocage très-couvert, sur un fonds schisteux et sablonneux, sur une élévation très-sensible et formant un coteau de quatre à cinq lieues de l'est à l'ouest, à cinq lieues de la Châtaigneraie. Les fossiles sont très-multipliés, surtout les cornes, les belemnites, les griphites, les cames, quelques peignes. Sur tout le fonds calcaire, il y a une grande quantité de cerisiers et autres arbres fruitiers dans les paroisses de Cezay, Saint-Sulpice, Thouarsay, le Bouildroux et la Caillère.

Chantonnay est un bourg assez grand, à cinq lieues S.-O. de la Châtaigneraie, sur la grand'route de La Rochelle à Nantes, entre plaine et bocage, dans la plus agréable position. Il y a bureau des aides, poste aux lettres et aux chevaux, brigade de maréchaussée; c'est un passage assez fréquenté. La paroisse est grande ; on y compte près de 2,000 habitants. Sur les bords de la grand'route, près le pont Charron, on avait ouvert, il y a dix-huit ou vingt ans, une mine de charbon de terre que l'on abandonna peu de temps après.

Le Puybelliard, connu par ses foires et ses marchés, a un grenier à sel et une justice seigneuriale assez étendue. Il est placé dans un pays de plaine et de vignobles, ainsi que les paroisses voisines, surtout Saint-Mars, Chassay, Saint-Germain-de-Prinçay, Sigournay. On traverse ces dernières en voulant regagner la Châtaigneraie. On laisse à gauche les petites paroisses du Tallud, de Monsireigne, Chavagnes, Sainte-Gemme, et, à droite, Bazoges-en-Pareds, très-grande paroisse, partie plaine, bocage et vignobles, et on ne trouve de bourg un peu considérable que celui de Mouilleron, à deux lieues de la Châtaigneraie.

Mouilleron est connu par des foires très-fréquentées, et n'a de remarquable qu'une fontaine publique assez bien décorée, et qui fournit de l'eau excellente. On compte 14 à 1500 habitants dans le bourg et la paroisse, qui est très-grande, placée à l'extrémité d'un rocher de silex schisteux assez élevé et isolé, qui a près d'une demi-lieue de longueur. Le plateau, où il y a treize à quatorze moulins à vent, offre une des plus belles vues possibles, présentant un horizon complet de trente à quarante lieues pour le moins, avec les détails les plus pittoresques et les plus variés par un bocage plus ou moins couvert, semé de collines, coupé par de petits ruisseaux et bordé de prairies, quelques futaies, de petites plaines, des vignobles, dès taillis de chêne et de châtaignier.

Après avoir rendu compte de la situation et de la nature des principaux endroits du département de la Châtaigneraie, je devrais entrer dans quelques détails sur les productions et les habitants, et donner un tableau des constitutions météorologiques et nosologiques depuis un certain nombre d'années. Ce tableau a déjà été offert à la Société et est consigné dans mon Recueil sur les Epidémies.

Il suffira de m'arrêter sur la vocation ou les occupations du plus grand nombre des habitants, avant de parler des maladies auxquelles ils sont le plus sujet.

La plus grande partie des habitants de nos campagnes est composée de laboureurs, journaliers et vignerons, dans les cantons où il y a des vignes, ce qui n'a lieu que pour celui du Puybelliard, Bazoges et autres voisins de Chantonnay. Les tisserands et fileurs de rouets sont, ensuite, la partie la plus nombreuse dans les paroisses où il y a des fabriques d'étoffes, ce qui a lieu dans presque toutes celles du bocage et de la gâtine. Les ouvriers en bois de toute espèce ne sont en nombre que près des forêts, ainsi que les charbonniers et voituriers. Il y a, dans les paroisses de Thouarsay, le Bouildroux, la Caillère, Saint-Hilaire, etc., beaucoup de voituriers qui conduisent les fruits, dont il s'amasse une grande quantité, dans les villes de Fontenay, Luçon, Marans, etc., et qui voyagent autant la nuit que le jour. Il y a une autre classe nombreuse dans plusieurs paroisses, celle des faux-sauniers, qui font la contrebande du sel, profession nuisible à la société et aux succès de l'agriculture. Une autre classe encore multipliée est celle des mendiants, car la mendicité est si commune qu'elle forme un véritable métier.

Les artisans sont en trop petit nombre pour être occupés. Il n'en est pas de même des étrangers, qui inondent notre province et y forment une nouvelle population à différentes époques, savoir : les Limousins, comme maçons, pendant la belle saison ; pendant l'hiver et au printemps, les Lyonnais, les Marchais, pour scieurs de long ; en tout temps, les Auvergnats, faisant métier de colporteurs, chaudronniers, remouleurs, fondeurs, ferblantiers ; les Normands, qui sont marchands de coutils, de faulx, de tamis ; les Dauphinois et Savoyards, toujours ramoneurs, joueurs d'orgues, etc. Si notre Poitou reçoit de l'argent des provinces voisines pour ses étoffes, ses blés, ses bestiaux,. il en sort une grande quantité qu'emportent tous les étrangers ci-dessus ; et, de plus, combien les besoins factices et multipliés du luxe et de la vanité pour la table et les habillements, combien ce superflu devenu presque nécessaire, ne doit-il pas être dispendieux pour cette province qui n'a presque point de ports de mer ni de grandes manufactures d'étoffes de valeurs, de soieries, etc., etc. *Sed de hoc Satis.*

IIIᵉ SECTION

DES MALADIES LES PLUS FRÉQUENTES PARMI LE PEUPLE

Sans doute les différentes professions contribuent à rendre ceux qui les exercent sujets à certaines maladies plutôt qu'à d'autres ; cependant on peut dire que, la misère exceptée, toutes les causes particulières et locales n'ont pas toujours paru être aussi puissantes qu'on l'a cru jusqu'ici, les causes générales ayant constamment agi avec plus d'énergie. On ne peut néanmoins disconvenir que les laboureurs, les journaliers, les ouvriers en bois qui travaillent en plein air, sont plus exposés aux vicissitudes de l'atmosphère et, par là, plus sujets aux maladies inflammatoires, catarrhales, etc., que les fileurs, les tisserands et autres ouvriers sédentaires et casaniers : et que ceux-ci sont à leur tour plus souvent attaqués des maladies putrides, vermineuses, fièvres intermittentes, infiltrations et de toutes celles produites *a serosâ colluvie.* C'est ce que l'expérience démontre.

Il est cependant bon de faire remarquer ici que, dans le temps de la fauchaison, des moissons et des vendanges, tous nos paysans, de quelque profession qu'ils soient, s'en occupent, parce que ceux de notre bocage qui n'ont ni foins ni blés à recueillir chez eux (et le nombre en est grand) vont dans les plaines et le marais travailler depuis le mois de juin jusqu'en août et septembre pour gagner quelques boisseaux de blé, de même qu'ils vont faire les vendanges en Saintonge et en Aunis. Ces transplantations et des travaux forcés et excessifs pour des gens, les tisserands surtout, peu accoutumés aux ouvrages pénibles, par de grandes chaleurs, mal nourris et ayant de mauvaises eaux, ces choses occasionnent presque toujours beaucoup de maladies et souvent des dyssenteries pendant les vendanges. Enfin, il arrive souvent que ce sont les moissonneurs ou les vendangeurs qui apportent, dans leur canton, le germe d'une maladie populaire. Cela est assez constant pour la dyssenterie.

Les observations que j'ai publiées sur les maladies épidémiques de 1784-1786, ont fait assez connaître les paroisses où le fléau s'est successivement le plus montré, pendant ces dernières années. Ainsi je regarde comme assez inutile d'en faire mention ici. Je vais terminer en donnant quelques détails sur les maladies les plus généralement observées dans mon canton et même dans le Poitou, avec une indication abrégée des secours employés avec succès dans les différents cas :

1º L'infection vermineuse est répandue dans toutes nos campagnes, même chez les adultes, et s'y est montrée constamment pour former une complication souvent dangereuse dans la plupart des maladies populaires ou épidémiques, comme on peut s'en convaincre par les observations particulières assez nombreuses que j'ai eu l'honneur d'adresser à la Société. La coralline de Corse m'a toujours paru l'authelmintique (1) le plus sûr et le plus actif, et l'usage en est devenu assez général ; l'algathe de mer, la santoline, la poudre aux vers, sont employées quelquefois avec avantage.

2° Les fièvres intermittentes, vernales ou automnales, surtout les dernières, sont très-fréquentes, presque toutes bilieuses ou vermineuses ; et même depuis assez longtemps il règne, pendant l'été, des fièvres bilieuses rémiltentes, marquant le plus souvent en double tierce et prenant quelquefois un caractère de malignité très-marqué. Après les évacuants, dès l'invasion, principalement l'émétique ou l'ipéca, les apéritifs (2) unis aux amers indigènes, tels que la camomille, le petit-chêne, la petite-centaurée, m'ont toujours paru, depuis un certain nombre d'années surtout, préférables à l'usage du quina (3) qui, employé assez généralement sans aucune méthode par les médicastres, produit des infiltrations et des empâtements. Rarement on est à l'abri des récidives, au lieu qu'en tenant les malades assez longtemps à l'usage des apéritifs, des évacuants et des amers alternativement, on laisse amortir la fièvre ; le levain se détruit et est éliminé peu à peu, et on obtient une guérison assurée. Ces observations sont certaines et on peut y compter. Elles seraient d'autant plus nécessaires à prendre en considération, qu'on vient à abuser du quina d'une manière étrange ; il n'est pas rare même de voir des praticiens éclairés qui, croyant toujours rencontrer des fièvres corruptives *mali moris*, donnent *ab abrupto* l'écorce du Pérou pour prévenir la perte du malade. On coupe l'accès et il y a une fausse guérison ; les récidives, les rechutes se succèdent, l'empâtement,

(1) Vermifuge.

(2) Racines de petit-houx, de fraisier, etc.

(3) Quinquina.

les bouffissures, l'hydropisie enfin conduisent plus ou moins rapidement à la mort: J'ai des faits multipliés sur cet objet, et j'ai eu l'honneur d'en soumettre plusieurs à la Société. Il y en a de récents, et même contre les miracles attribués au quina rouge, qui s'accrédite dans nos provinces et dont on se sert *per fas et nefas*. Le quina est, sans contredit, un des plus puissants remèdes que possède notre art ; mais il faut savoir s'en servir. Il ne faut pas l'employer sans connaissance ni par enthousiasme et par *ton*, car on en met partout dans le siècle où nous vivons. Mais en voilà assez sur cet objet : j'y reviendrai peut-être avant qu'il soit peu, en m'occupant, dans un Mémoire *ad hoc*, de l'abus qu'on fait des remèdes et des très-grands avantages que l'on retire de la médecine simple.

3º Les coliques, les dévoiements, les dyssenteries se montrent fréquemment chez le peuple, dans l'automne ; cette année même elles ont été très-répandues. La dyssenterie a offert des épidémies, en 1775 et 1779, qui ont été l'époque où les maladies populaires sont devenues plus multipliées. Ces affections intestinales font souvent complication. Le peuple emploie toujours dans ces maladies, comme dans toutes les autres, les plus mauvais moyens, surtout les astringents, les échauffants, ce qui les rend plus graves et plus rebelles. L'ipéca m'a toujours paru le secours le plus approprié et je lui ai donné la préférence non seulement dans les dévoiements et les dyssenteries, mais, comme l'émético-cathartrique le plus sûr, dans presque tous les cas, ensuite la rhubarbe *dosi fractâ* (1), les tisanes de riz, les lavements. Souvent les acides, le régime végétal et le bon vin rouge vieux, comme cordial, sont préférables à toutes les confections, à toutes les belles compositions dont je ne me sers jamais.

(1) A petites doses souvent répétées.

4º Les engorgements, les obstructions, les bouffissures, les hydropisies, le plus souvent suite des fièvres intermittentes, des dyssenteries mal soignées. Ces maladies sont on ne peut plus communes à la fin de l'automne et dans l'hiver, depuis un certain nombre d'années principalement. C'est encore là que le peuple est dupe des médicastres, des *bailleurs* de remèdes, des charlatans. Les pillules de Bacher ont du succès en quelque circonstance, ainsi que les scillitiques (1), les apéritifs indigènes, lorsqu'on peut les employer à temps et à propos. Les feuilles de digitale pourprée semblent offrir un des meilleurs diurétiques connus ; des expériences récentes, entre mes mains et entre celles de mes confrères, sont on ne peut plus favorables à l'usage de cette plante, sur laquelle les praticiens anglais ont donné des observations intéressantes dans le journal de médecine de Londres, rédigé par M. Simmons.

5º Les fièvres catarrhales, plus souvent bilieuses et vermineuses qu'inflammatoires, sont devenues, depuis cinq ou six ans surtout, les maladies dominantes. Elles se sont constamment montrées épidémiques, non seulement pendant l'hiver et au printemps, mais pendant presque toute l'année, avec les complications très-graves de scarlatines, milliaires et angines, qui n'ont pas cessé de paraître vraiment épidémiques, principalement pendant tout le cours de cette année, dans différentes paroisses, en y faisant beaucoup de ravages. J'ai eu l'honneur d'en rendre compte à la Société, dans mes observations de chaque trimestre.

Les observations consignées dans mon Recueil imprimé et peut-être deux cents autres adressées successivement à la Société ont, je crois, assez démontré l'abus que l'on fait de la saignée dans toutes les maladies épidémiques et populaires de nos campagnes; et ces mêmes faits cliniques

______

(1) Préparations dans lesquelles entre la plante bulbeuse appelée *scille.*

ont suffisamment prouvé, selon moi, les avantages des méthodes proposées dans mes *Mémoires* et démontrées bonnes par le succès : l'ipéca dès l'invasion, ensuite les béchiques (1), le kermès, les vésicatoires surtout, ont constamment offert les moyens les plus puissants et les plus efficaces.

6⁰ La gale et les dartres sont des maladies familières à nos paysans, comme suite de la misère ou entretenues par elle. Rarement a-t-on dans ces affections recours aux gens de l'art : les vétérinaires, les mèges (mégeyeurs), ont exclusivement la préférence, lorsqu'il n'y a pas de charlatan à la portée. Tous emploient les répercussifs, les caustiques et occasionnent des métastases (2) très-dangereuses. Pour la gale, je ne connais point de traitement plus efficace qu'une pommade faite avec la racine de parelle rapée, le soufre et la graisse pour frictions, la tisane de racine de parelle et les purgatifs répétés ; pour les dartres, les mêmes moyens internes, l'eau végéto-minérale pour lavage et surtout les exutoires appliqués sur les parties les plus convenables, mais à temps et sans attendre que le mal ait fait trop de progrès et soit devenu incurable. Ces exutoires sont, à mon avis, des secours plus sûrs que les eaux minérales comme remèdes curatifs, qu'on a données souvent pour plaire au malade et pour suivre la mode. Ces secours ne réussissent presque jamais, on peut cependant les employer comme secondaires, ainsi que les évacuants, mais en fixant l'humeur et lui donnant issue.

7⁰ Les érysipèles ou fluxions à la face, les otalgies (3), l'engorgement des glandes cervicales sont assez communs et souvent compliqués avec les affections catarrhales. Il

(1) Pectoraux.

(2) Déplacement du mal qui se porte dans une autre partie du corps.

(3) Douleur nerveuse de l'oreille.

en est de même des douleurs vagues, rhumatismales sur différentes parties. Les symptômes demandent rarement des traitements particuliers; de plus, le peuple n'a presque jamais recours aux gens de l'art dans ces circonstances.

8° Les écrouelles ou humeurs froides sont assez fréquentes, surtout dans quelques paroisses. Le peuple ne s'en rapporte jamais aux médecins pour ces maladies, ainsi que pour beaucoup d'autres, surtout pour toutes les plaies, les hernies, les ulcères cancéreux, les maladies des yeux; ces dernières, très-fréquentes, la cataracte principalement très-multipliée dans nos campagnes où les malheureux restent aveugles faute d'opérateurs pour les guérir. Ce sont presque toujours des empiriques, d'impudents médicastres qui entreprennent la guérison de toutes ces maladies; ils tuent les malades ou les estropient, après en avoir tiré tout l'argent qu'ils peuvent.

9° Les maux de sein sont très-répandus et les suites de couche souvent fâcheuses, tant par la misère que par les mauvaises manœuvres des sages-femmes et des chirurgiens ignorants qui sont (après le charlatanisme) les fléaux les plus destructeurs de nos campagnes.

10° Les phtisies, la goutte sont moins communes chez le peuple que chez les gens aisés; encore les y observe-t-on quelquefois, mais presque toujours par hasard et sans qu'on soit appelé pour les traiter; et il en est de même pour toutes les maladies chroniques, c'est pourquoi je n'en parlerai pas ici. J'observerai seulement que le scorbut ne se rencontre fréquemment que dans les marais et sur les côtes.

11° Les petites véroles, la rougeole, la coqueluche se montrent épidémiques dans ce canton, comme dans toute la province, à des époques irrégulières. La variole est souvent plusieurs années sans reparaître. Elle fait toujours plus ou moins de ravages, parce que les médecins ne sont pas plus appelés pour la traiter que pour la rougeole et la coqueluche, et qu'on emploie souvent les plus mauvaises méthodes. L'inoculation (1) est à peine connue dans ma province par quelques essais qui n'ont pas toujours été heureux, plus par l'imprudence des opérateurs que par la faute de cette pratique utile et salutaire qu'il est malheureux de ne pas voir généralement adoptée en France comme en Angleterre, où on en ressent tous les avantages. Les trois maladies ci-dessus ne sont pas les seules qui enlèvent beaucoup d'enfants dans nos campagnes. Les vers, les convulsions, le carreau, les obstructions des autres viscères du bas-ventre, les hydropisies, etc., en font périr un grand nombre, outre ceux qui sont moissonnés par les maladies régnantes et plus encore par l'extrême misère. Aussi paraît-il étonnant, d'après toutes les sources de destruction et de mort qui existent parmi le peuple, que la population se soutienne. Cependant il y a aussi tant d'autres causes *sourdes* de dépopulation dans les campagnes, qu'il serait bien essentiel que le gouvernement y fît attention. Ces causes n'ont point échappé au grand homme qui s'occupe maintenant du bonheur de l'Etat (2).

12° Enfin on peut dire que presque toutes les maladies se montrent dans nos campagnes comme dans les villes ; les nerveuses même deviennent fréquentes, car les extrêmes se touchent, la misère produisant les mêmes effets que le luxe, l'opulence, l'oisiveté sur le système nerveux. Les affections vraiment vaporeuses chez les femmes et hypocondriaques chez les hommes se voient assez fréquemment. La manie, la mélancolie paraissent, surtout depuis quelques années, se répandre parmi le peuple comme parmi les riches ; et, sur ce sujet, il y aurait à faire

(1) L'inoculation de la pustule variolique, aujourd'hui remplacée par celle d'un vaccin.

(2) Necker, *Traité de l'Administration des finances*, vol. 1, chapitre IX, de la population du royaume.

bien des réflexions auxquelles je ne crois pas devoir me livrer ici. Je dirai seulement que le terme de mobilité, que M. Tissot, de Lausanne, a adopté, me paraît bien expressif. Je le trouve dans un petit imprimé, 15 pages in-12, qu'il vient de m'envoyer et qui est comme une table du Traité qu'il va mettre au jour. Ce petit écrit a pour titre : *Des Vapeurs*, et contient quarante articles qui renferment, en peu de mots, les choses les mieux vues et les plus utiles sur les maladies nerveuses.

Je borne ici ce que j'ai cru pouvoir offrir, dans cet essai, sur les maladies les plus familières aux habitants de nos campagnes. On eut désiré peut-être plus de détails ; mais ils auraient été déplacés, d'après ce que j'ai déjà donné sur les maladies populaires de ma province, et ayant en outre le projet de m'occuper incessamment d'un ouvrage *ex professo* sur cet objet, où je chercherai moins à développer les hypothèses ou à proposer de nouvelles méthodes curatives qu'à rassembler ce que j'ai observé, depuis plus de vingt ans, sur les grandes ressources de la bonne nature et les succès toujours constants d'une thérapeutique simple et facile. Heureux si ces vues méritaient l'approbation de la Compagnie savante qui a daigné m'associer à ses travaux dès son établissement, et à laquelle je me ferai toujours un devoir de présenter ce qu'une santé délabrée et de faibles talents, enfouis dans un village et souvent découragés, me permettront encore d'élaborer.

GUERRE DE LA VENDÉE

RÉCIT DU COMPLOT DE L'OIE

ÉCRIT SOUS LA DICTÉE DE L'UN DES ACTEURS (1)

Les populations de la Vendée avaient accueilli avec plus de faveur que d'hostilité les débuts de la Révolution. Elles éprouvaient, comme le reste de la France, le besoin de réformes devenues indispensables, et elles crurent à la bonne foi de ceux qui les promettaient. Mais au lieu de réformes utiles, elles virent arriver un bouleversement sans nom et sans fin, et leur déception les conduisit bien vite à un degré d'irritation difficile à décrire.

Dès 1792, l'insurrection était dans l'air, mais en 1793, elle devint inévitable. Dans beaucoup d'endroits elle éclata

---

(1) Depuis que le récit du premier combat de Saint-Mesmin a été imprimé dans ce volume, M. l'abbé L. Augereau, aujourd'hui curé de Boupère, a bien voulu adresser à la Société d'Emulation le récit d'un fait antérieur, qu'il avait seulement cité et qu'il a recueilli, comme le précédent, de la bouche d'un acteur. Nous regrettons de n'avoir pu le placer avant celui des pages 69 et suivantes, mais le lecteur y sera revenu déjà, sans que nous lui demandions.

spontanément et sans direction immédiate, mais dans le centre du département de la Vendée il n'en fut pas ainsi : le soulèvement fut préparé et il eut un but, en attendant l'organisation d'ensemble.

La Convention ne s'abusait point sur les dispositions des Vendéens, et bien qu'elle n'eut guère de forces militaires disponibles, elle avait des corps d'observations établis pour la plupart sur la circonférence du pays suspect, et elle croyait sans doute pouvoir avec eux, comprimer les mouvements qui se produisaient, comme elle avait fait déjà dans l'été de 1792, aux moulins de Cornet, près de Bressuire. De plus, il y avait au château de l'Oie un poste de soldats peu nombreux, mais qui était jugé nécessaire, pour assurer les correspondances, parce que ce lieu était situé près du croisement des deux routes qui coupaient, à peu près seules, le département.

Le complot de l'Oie fut formé pour s'emparer d'abord de ce poste, et peut-être aussi en vue d'y saisir des correspondances républicaines. L'entreprise était ridicule en apparence, mais le but ultérieur justifiait les précautions. Les chefs savaient très-bien que dans toute insurrection l'essentiel est de commencer par un succès et de frapper les imaginations, le résultat répondit à leur attente.

MM. Baudry-d'Asson, de Verteuil, de Béjarry et quelques autres qu'on n'a pu me nommer, se réunirent et arrêtèrent leur plan. Ils s'assurèrent d'un certain nombre de jeunes gens énergiques, et ils prévinrent les hommes compromis aux moulins de Cornet, qui se tenaient cachés aux environs de la Sèvre, de se tenir prêts. Ils choisirent pour agir la foire du mois de mars ou du mois d'avril, car dans l'histoire de la guerre de la Vendée les dates sont souvent incertaines.

Les soldats républicains, pour protéger la propreté de leur corps-de-garde, avaient placé un écriteau comme on en rencontre souvent et qui ne sont pas toujours efficaces.

Eux du moins avaient établi une sanction immédiate.
Lorsqu'il y avait un contrevenant, on lui enlevait sa coif-
fure, et pour la dégager il fallait payer une amende de cinq
sous. Comme l'on n'a pas toujours cinq sous tout comptés
dans sa poche, il arrivait les jours de foire que le corps-de-
garde s'enrichissait, pour quelques heures, d'une collection assez variée de chapeaux et de bonnets. La distribution
se faisait à heure fixe pour qu'il n'y eut pas de vols. Cette
circonstance fut mise à profit.

Dans la nuit qui précéda la foire, les jeunes gens compromis se réunirent dans le bois des Quatre-Chemins et ils em-
portèrent leurs fusils. Pour les autres, ils arrivèrent avec
tout le monde et se répandirent dans la foire. Les soldats
du poste ne virent rien d'extraordinaire durant toute la ma-
tinée, seulement ils furent à même d'observer que leur écriteau protégeait encore un peu moins que d'habitude le
corps-de-garde. Pour eux ils ne manquaient pas à leur con-
signe ; et ceux qui furent exposés à des rhumes de cer-
veau devinrent nombreux ce jour là, car si quelques-uns
payaient sans retard, la plupart s'en allaient nue-tête, et
les soldats se promettaient une bonne recette pour la soirée
ainsi qu'un bon régal pour le lendemain.

Sur les deux heures de l'après-midi, les intéressés arrivent au corps-de-garde accompagnés de nombreux com-
pères qui se moquent d'eux; mais dès le début il y eut confusion dans la distribution. « Tu prends mon chapeau !
Mais non, c'est le mien ! Toi aussi tu emportes mon bon-
net. Citoyens soldats ! on me vole ! » Les clameurs se croi-
saient et on se bousculait en même temps. Les soldats
riaient. Ils avaient leur argent, c'était le principal ; mais au
moment où ils étaient le plus attentifs à considérer la dis-
pute, un signal est donné par derrière, et ces quêteurs de
chapeaux et de bonnets sautent sur les fusils qui étaient en
évidence, d'autres se jettent sur les soldats et on leur dé-
clare qu'ils sont prisonniers.

Un coup de fusil est tiré au dehors, et les autres conjurés arrivent au pas de course du bois des Quatre-Chemins. Quelques instants après, on les vit traverser en armes le champ de foire, conduisant les soldats prisonniers.

Un succès si misérable produisit un effet surprenant : ce fut l'étincelle qui amena l'explosion. Cette surprise bizarre et mystérieuse, opérée en pleine foire de l'Oie, fut connue dès le soir à dix lieues à la ronde et racontée avec toute l'exagération que des esprits surexcités pouvaient lui donner. Elle inspira de la confiance dans les chefs, et on croyait que les Vendéens avaient déjà une armée. Ils ne l'avaient pas encore, mais dès le lendemain ils étaient en mesure de combattre.

Les chefs ne perdirent pas leur temps : ils firent battre le tocsin dans toutes les paroisses voisines, et assignèrent un rendez-vous à tous ceux qui voudraient faire la guerre. Il s'en présenta un grand nombre. Ils marchèrent immédiatement vers Luçon, dont la garnison ne devait pas manquer d'accourir. Ils la rencontrèrent et la battirent au Pont-Charron, et cette première victoire enflamma tout à fait l'imagination et le courage des Vendéens.

Après la victoire du Pont-Charron, Baudry-d'Asson laissa aux autres chefs le soin de protéger cette contrée, et il prit le chemin des Herbiers, conduisant avec lui les hommes qu'il avait amenés, et dont quelques-uns étaient déjà capables des coups les plus hardis.

Il y avait aux Herbiers un centre républicain, composé d'une petite garde nationale et de quelques agents qui cherchaient à implanter la république dans le pays. Baudry-d'Asson n'eut pas de peine à disperser ces républicains de parade, déjà vaincus par la peur. Il fit fusiller deux ou trois mauvais sujets, connus par leurs violences, prit les armes, brûla les papiers et s'avança vers la Sèvre, emmenant tous ceux qui voulaient le suivre.

Il connaissait le pays et il avait à venger sa défaite de
l'année précédente, près de Bressuire ; il s'attendait à rencontrer les républicains dans cette direction. Il prit la Pom-
meraye pour point de ralliement, parce qu'il y avait là un
pont sur la Sèvre, ce qui lui permettait de mettre la rivière
entre lui et l'ennemi s'il était surpris, et d'aller à sa rencontre par l'une ou l'autre rive. C'est de là qu'il partit pour
livrer le combat de Saint-Mesmin.

Je tiens les détails du complot de l'Oie, de l'un des acteurs,
au récit duquel je n'ai rien ajouté. J'ai appris la prise des
Herbiers d'un autre vieillard qui assista avec regret aux
exécutions. Ma mère, qui ne connaissait pas toutes ces parti-
cularités, m'a dit que la guerre commença le jour de la foire
de l'Oie. Pour moi, simple narrateur, je laisse à chacun ses
appréciations, je raconte ce que l'on m'a raconté, et n'ai
point d'autre but que de faire connaître des faits ignorés
aujourd'hui.

L'abbé L. AUGEREAU.

APPROVISIONNEMENTS ET DÉPENSES DE TABLE

AU MILIEU ET A LA FIN DU XVᵉ SIÈCLE

Les documents nᵒˢ 1 et 2, conservés en original dans le chartrier de M. le duc de la Trémoille, font connaître comment était servie, au milieu du xvᵉ siècle, la table des grands seigneurs et de leur maison, et ils indiquent le prix des aliments, dans la préparation desquels les' épices n'étaient pas épargnées.

Le 1ᵉʳ concerne Louis d'Amboise, vicomte de Thouars, et la résidence de quatre jours qu'il fit en son château de Talmont, à la fin de septembre 1446.

Mᵍʳ de Taillebourg, auquel se rapporte le 2ᵉ document, est Olivier de Coëtivy, l'un des plus dévoués et braves serviteurs du roi Charles VII, qui le nomma grand sénéchal de Guyenne aussitôt la prise de Bordeaux sur les Anglais, 12 juin 1451, et lui fit épouser, en 1458, après l'avoir légitimée, une des filles qu'il avait eues d'Agnès Sorel. Accompagné de ses principaux officiers et serviteurs, au nombre de vingt-neuf, il vint, de Taillebourg en Saintonge, passer trois jours à Fontenay-le-Comte, au commencement d'avril 1451. Son entrevue avec André de Laval, seigneur de Lohéac et maréchal de· France, était probablement relative au projet de mariage de celui-ci avec Marie de Rays, dame de Pouzauges et de Tiffauges, veuve sans enfants de l'amiral Prégent de Coëtivy, frère aîné d'Olivier.

Le lecteur fera lui-même les rapprochements qui résultent de ces deux pièces inédites, dont nous avons rectifié l'orthographe et qui sont intéressantes pour notre histoire locale. On verra notamment par la deuxième avec quelle rigoureuse exactitude, même en voyage, était observée la prescription du maigre pendant le carême. Il en était ainsi pour tous les mercredis de l'année. Les poissons, dont plusieurs n'avaient pas le même nom qu'aujourd'hui, et les autres comestibles n'étaient pas fournis ni préparés par l'hôte, mais par les pourvoyeur et cuisinier, qui faisaient nécessairement partie de la suite d'un grand seigneur.

Pour compléter ces renseignements, nous donnons, sous le n° 3, des extraits d'autres pièces, également inédites, relatives aussi aux approvisionnements et dépenses de bouche :

1° Pour deux dimanches au château de Taillebourg, en 1451 et 1471 ;

2° Pour trois jours, dont le Vendredi-Saint et Pâques, au château de Thouars, en 1458 ;

3° D'un diner de Général des Finances, en 1492 ;

4° La même année, d'un dîner et souper d'ambassadeurs envoyés en Cour par les manants et habitants de la capitale de l'Anjou.

Les documents qui nous ont fourni ces quatre extraits appartiennent : les deux premiers, comme nous l'avons dit, au chartrier de M. le duc de la Trémoille ; le troisième à la Bibliothèque nationale (de Paris) Mss. Gaignières, n° 2900, fol. 38, et le quatrième aux archives de la mairie d'Angers.

P. MARCHEGAY.

I.

S'ENSUIT LA MISE FAITE PAR MOI, ETIENNE BENOYST, RECE-
VEUR DE THALEMOND, POUR LA VENUE DE MONSEIGNEUR,
QUI ARRIVA LE 20ᵉ JOUR DE SEPTEMBRE 1446.

PREMIÈREMENT, LE DIT JOUR (MERCREDI) QU'IL ARRIVA.

	Sous.	Deniers.
Pour 50 mulets de vasois (1)	8	4
En chandelle, 2 livres, valant	2	6
En beurre, 2 livres	3	4
Pour un quarteron de mulets de vasois . .	4	2
En pain, (pour) 2 douzaines; 2 boisseaux.		

LE JEUDI, 21ᵉ JOUR DU DIT MOIS, A DINER.

	Sous.	Deniers.
En pain, 3 douzaines ; 3 boisseaux 1/2.		
Une livre de sucre	15	»
Trois douzaines d'œufs	»	20
Deux moutons, achetés à la cohue (2). . .	13	4
Douze poulets	6	»

Le dit jour, pour le souper.

	Sous.	Deniers.
Deux moutons	10	»
Douze poulets	6	»
Une livre de poudre de gingembre blanc .	15	»
Demi-livre de canelle	7	6
Une once de safran :	6	8
En lait.	»	5

(1) C'est-à-dire pris dans les fossés ou canaux du Marais.

(2) C'est-à-dire sur le champ de foire.

LE VENDREDI 22ᵉ JOUR DU DIT MOIS.

	Sous.	Deniers.
En pain, 4 douzaines 1/2 ; 4 boisseaux 1/2.		
A Pierre Mygroget, pour deux voques (1) .	22	6
Au dit Mygroget, pour 6 merlus et 1 merlant	17	6
A Bourcholete, pour un sac d'huîtres . . .	5	10
A une bonne femme de Héos (2), pour 3 soles et des huîtres.	4	2
Deux douzaines d'œufs	»	15

LE SAMEDI, 23ᵉ JOUR DU DIT MOIS.

	Sous.	Deniers.
A Bourcholete, du port, pour un gros mulet et un dorea (dorade)	16	8
Pour deux douzains de mulets de vasois. .	5	»
Pour un quarteron de sinamomy (canelle).	3	9
Pour un quarteron de sucre	3	9
En pain, 4 douzaines 1/2, qui valent 4 boisseaux 1/2.		
En huîtres. :	3	4

LE DIMANCHE, 24ᵉ JOUR DU DIT MOIS.

	Sous.	Deniers.
En pain, 2 douzaines, qui valent 2 boisseaux.		
Deux moutons pour le dîner	10	»
Une douzaine de poulets.	6	»
En bœuf.	8	4

(1) Il s'agit probablement du phoque ou veau-marin.

(2) Ancien nom de l'île d'Yeu, en latin *Insula Oia* ou *Oias*.

	Sous.	Deniers.
En vin pris à l'hôtel du receveur, pour 18 quartes	30	»
En lard	15	»
A Pierre Pareron, en vin.	40	»
En moutarde.	»	6
A un homme qui a été à la cuisine, par 4 jours	6	8
A Louis Han, pour la dépense de 3 chevaux et pour la dépense de bouche	15	»
A Michel Damydre, pour 14 fers	14	»

II.

LE MERCREDI, DERNIER JOUR DE MARS (1451) PARTIT MON-
SEIGNEUR, DE TAILLEBOURG, POUR ALLER A FONTENAY,
DEVERS MONS^r DE LOHÉAC, ACCOMPAGNÉ DES GENS ET
CHEVAUX CI-APRÈS DÉCLARÉS.

Le lieutenant de Saint-Jean (d'Angély) . .	lui 3e
Monsr de Puy-Jarreau.	lui 3e
Maitre Jean Burdelot	3e
Maître Guy Burdelot.	2e
Guillaume de Bracquemont	2e
Jean Conon	2e
Jean Taule.	2e
Guion Renou.	2e
Messire Guillaume	1
Braguet.	lui 2e
Yvonet et Jacquet	2e
Piétrequin, Petit-Jean et le Sommier . . .	3e
Baillet et Paulet	2e

Ledit jour, Monseigneur, à dîner, à Villeneuve-la-Comtesse

	Sous.	Deniers.
En deux douzaines de pain (1), de 4 deniers la pièce	6	»
Huit pots de vin blanc, de 10 deniers le pot.	6	8
Deux pots de vin vermeil, de 20 den. le pot.	4	4
Deux merlus frais.	5	»
Quatre merlus parés.	3	2
Harengs.	3	4
Deux livres de beurre.	2	»
Huile	»	10
Figues.	»	10
Belle-chère (2).	5	»
En la dinée de 29 chevaux, à 10 den. chacun	23	2
Demi-livre de poudre blanche, prise à Saint-Jean	5	»
Un quarteron de poudre de canelle.	3	9
Safran.	2	6
Poudre de lamproie.	»	20
En un chapeau pour Petit-Jean, acheté à Saint-Jean	7	6

Le dit jour, à souper, à Niort.

	Sous.	Deniers.
En une douzaine et demie de pain, à 2 deniers la pièce.	7	6

(1) On a vu dans la pièce précédente que douze pains représentent un boisseau de blé. Leur volume et leur poids variaient donc avec les mesures.

(2) Un autre compte du seigneur de Taillebourg, en 1455, donne l'explication de ce terme : « Au dit hôte, pour la *belle-chière*, d'un mois que mon dit seigneur a été logé à l'hôtel, c'est assavoir pour le bois à cuire la viande, sel, verjus, vinaigre, moutarde, potage et huile, 2 écus valant 55 sols. »

	Sous.	Deniers.
En gros pain.	»	10
Six quartes de vin, de 16 deniers la quarte.	8	»
Six quartes de vin, de 12 deniers la quarte.	6	»
Deux carpes, merlus et raye	11	8
Beurre et huile.	2	6
Figues et raisiné	»	15
Epinoches	»	5
Demi-livre de confitures.	5	»
Belle-chère au logis de Monseigneur . . .	10	»
Belle-chère en l'autre logis	2	6
En la soupée de 29 chevaux, à 20 deniers chacun	48	4
Vin et graisse pour les dits chevaux . . .	»	15
En 29 mesures d'avoine, au dit lieu, le lendemain au matin.	12	1
Audit lieu de Niort, pour ambourrure de selles, et appareiller harnois de chevaux et brides.	2	6
Pour un fer au cheval de Yvonet	»	12

LE JEUDI, 1er JOUR D'AVRIL, DINER ET SOUPER,
A FONTENAY

	Sous.	Deniers.
En quatre douzaines de pain, de 2 deniers la pièce	8	»
En gros pain et échaudés	2	6
Sept pots de vin blanc, de 12 deniers le pot.	7	»
Six merlus frais, de 2 sols 6 deniers la pièce.	15	»
Moules	10	»
Huit sèches	3	4
Une douzaine de harengs	»	15
Deux livres de raisiné	»	16
Une livre d'amendes.	»	20
Cinq livres et un quarteron d'huile d'olive.	5	3

	Sous.	Deniers.
Une livre de gingembre moulu.	8	4
Une livre de sucre	9	2
Une livre de confitures	10	»
Deux torches.	8	4
Demi-pipe de vin blanc, pour celui jour. .	40	»
En la livrée de 30 chevaux, compris celui de Colinet, à 2 sols 6 deniers chacun . .	75	»

LE VENDREDI, 2e JOUR DU DIT MOIS D'AVRIL, DINER
ET SOUPER, AU DIT LIEU DE FONTENAY.

	Sous	Deniers.
En quatre douzaines de pain, de 2 deniers la pièce. . . . . . :	8	»
En gros pain et échaudés	»	20
Vin blanc de la provision du jour devant. .		
Sept pots de vin clairet, de 12 den. le pot.	7	»
Trois pots et demi de vin vermeil, de 20 deniers le pot	5	10
Trois merlus frais.	10	»
Deux rayes	6	8
Six sèches fraîches.	2	6
Six plies, six mulets et cinq soles. . . .	10	»
Six livres de beurre, de 15 deniers la livre.	7	6
Deux livres de raisiné.	»	16
Une livre de riz.	2	6
Deux livres d'amendes	3	4
En la livrée de 30 chevaux, au prix dessus dit.	75	»
Au dit lieu de Fontenay, pour une paire de bottines à Monseigneur	5	»
Pour une paire de souliers à Yvonet . . .	4	2
— — — à Piétrequin. .	4	2
Pour une paire de souliers à mess^e Guillaume	4	2

LE SAMEDI, 3e JOUR DU DIT MOIS, DINER ET SOUPER,
AU DIT LIEU DE FONTENAY.

	Sous.	Deniers.
En quatre douzaines de pain, de 2 deniers la pièce	8	»
En gros pain et échaudés	2	1
Vin blanc de la provision devant dite.		
Neuf pots de vin clairet, de 12 den. le pot.	9	»
Deux pots de vin vermeil, au prix dessus dit.	3	4
Un congre et trois merlus frais.	11	3
Quatre sèches, une plie et deux douzaines de soles	7	6
Deux aloses achetées le jour devant. . . .	11	8
Quatre aloses achetées le dit jour.	16	8
Saumon	10	»
Cinq beschetone	5	»
Une livre de raisiné.	»	8
Six livres de beurre.	7	6
Epinards, persil et vinette.	»	10
Pommes.	»	10
Demi-livre de confitures.	5	»
En la livrée des dits 30 chevaux, au prix dessus dit	75	»
En droguerie pour les chevaux.	»	15
En déaculon (1) pour Monseigneur	2	6
En l'ambourrure de cinq selles, deux lacets à trousser les faux-étriers et bander la selle de Monseigneur et appareiller les harnois	7	6

A Jean de Villaines, serviteur de monsr de
Puy Jarreau, 2 sols 6 deniers, qu'il disoit

______

(1) Aujourd'hui diachylon.

	Sous.	Deniers.
avoir poyé pour appareiller les selles de son dit maître, pour ce	2	6
En cinq fers et demi aux chevaux de Brac-quemont.	5	6
En cinq fers aux chevaux de mons^r de Puy Jarreau	5	»
En deux fers aux chevaux de Me Jehan Bur-delot.	2	»
En deux fers aux chevaux de Me Guy Bur-delot	2	»
En treize fers aux autres chevaux.	13	»

LE DIMANCHE, 4e JOUR D'AVRIL., DINER, AU DIT LIEU DE FONTENAY.

	Sous.	Deniers.
En deux douzaines de pain, au prix dessus dit	4	»
En échaudés.	»	10
Vin blanc, de la provision devant dite.		
Six pots de vin clairet, au prix dessus dit .	6	»
Deux pots de vin vermeil	3	4
Six soles et un turbot.	15	»
Deux livres de beurre.	2	6
Une livre de raisiné	»	8
Un quarteron de sucre	2	6
En la dinée des dits 30 chevaux	25	»
En 30 mesures d'avoine, le dit jour au matin.	12	6
En sucras, pour les trois jours dessus dits.	4	2
Pour la belle-chère, les dits trois jours et demi, au logis de Monseigneur. . . .	45	»
Pour la belle-chère au logis de mons^r de Puy Jarreau et le lieutenant de Saint-Jean, demi-écu ; pour ce.	13	9
Pour la belle-chère au logis de Bracque-		

	Sous.	Deniers.
mont, Jean Conon, Jean Taule et Guion Renou	15	»
Pour graisse et vinaigre, pris au dit logis, pour les chevaux	2	6
Pour la façon d'un pâté de lamproie et trois de saumon.	2	6

Le dit jour, à souper, à Niort.

	Sous.	Deniers.
En pain	5	»
Dix quartes de vin, de 16 deniers la quarte.	13	4
Six quartes de vin, de 12 deniers la quarte.	6	»
Poisson	15	»
Trois livres de beurre	3	»
Une chopine d'huile	»	15
Harengs	»	10
Epinards, persil et vinette	»	10
Raisiné	»	10
Belle-chère au logis de Monseigneur et au logis de Olivier de Coëtivy (1), Jean Conon et Jean Taule.	12	6
Pour la soupée de 30 chevaux, compris les 3 de Olivier de Coëtivy, pour ceux de Guion Renou et celui de Yvonet, qui étoient allés en Bretagne	50	»
Pour le souper de Bracquemont et son page, qui étoient retournés à Fontenay.	2	6
Pour 30 mesures d'avoine pour les dits chevaux, le lendemain au matin, compris les chevaux du dit Bracquemont . . .	12	6

(1) Cousin germain de Mgr de Taillebourg, qui était venu le rejoindre.

LE LUNDI, 5ᵉ JOUR DU DIT MOIS, A DINER, A VILLEVEUVE.

	Sous.	Deniers.
En vingt pains, de 3 den. la pièce. . . .	5	»
Huit pots de vin blanc, de 10 den. le pot .	6	8
Trois pots de vin vermeil, de 20 den. le pot.	5	»
Une alose poudrée.	5	»
Six merlus parés	6	»
Hareng blanc et saur.	3	4
Trois livres de beurre.	3	»
Huile	»	10
Belle-chère	5	»
Pour la dînée de 20 chevaux	24	2
Pour un relevé et clous	»	10
Pour le loyer d'un cheval à porter Baillet, et un valeton à venir quérir le dit cheval à Taillebourg.	5	»

III.

1º A LA DATE DU DIMANCHE, 25 AVRIL 1451, JOUR DE PAQUES, LE PAPIER D'ACHAT DES VIVRES ET PROVISIONS POUR LA MAISON DU SEIGNEUR DE TAILLEBOURG, PORTE CE QUI SUIT :

	Sous.	Deniers.
Deux chevreaux	8	4
Deux moutons.	27	6
Un veau	15	»
Sept chapons	10	»
Six poulets	4	2
Six douzaines d'œufs, à 15 pour un blanc .	2	»
Deux côtes de lard à potage.	50	»
Deux côtes de lard à larder	40	»
Deux fromages d'Auvergne.	6	8

ET A LA DATE DU DIMANCHE, 1er JUILLET 1470.

Petit pain, 12 douzaines.
Grand pain, 6   —
Bœuf salé, 5 pièces.
Bœuf de provision, pour rôtir, 1 pièce.
Mouton de provision, 1.
Oison   .   —   1.
Chapon   —   1.
Poulets   —   6.

	Sous.	Deniers.
Un mouton, acheté à Babin.	10	»
Un quartier de veau	5	»
Pour la fraise et les pieds du dit veau . .	»	20
Pour la façon de 4 pâtés de lièvres . . .	»	20
Pour un bœuf acheté de Babin, duquel fut fait 72 pièces pour saler et deux grandes pour rôtir ; lequel coûta	70	»

2o EN 1458, A THOUARS, LES OBJETS PORTÉS AU LIVRE DE DÉPENSE DU MAITRE D'HOTEL DU VICOMTE DE THOUARS SONT :

POUR LE VENDREDI-SAINT, 31 MARS :

	Sous.	Deniers.
Un demi-congre, et une raye fraîche. . .	10	»
Deux aloses. . . , ...	5	»
Un merlus frais.	4	2
Huit merlus parés.	5	4
Une raie parée . . . , ...	1	8
Deux livres d'amandes	3	4
Deux livres 1/4 de sucre fin.	22	6
Quatre sèches et quatre addos.	3	»
Un demi-cent de harengs . . . . . :	6	8
Seize livres de beurre, à 9 deniers la livre.	12	»

POUR LE JOUR DE PAQUES :

	Sous.	Deniers.
La chair d'un bœuf, ... 6 livres.	»	»
Trois moutons.	22	6
Trois chevreaux.	12	6
Un demi-veau	7	6
Six pigeons	1	8
En lait et œufs pour la fromentée, et pour mettre en potages.	3	»

LE DIMANCHE 10 SEPTEMBRE, JOUR OU LE VICOMTE AVAIT TROIS CONVIVES DE HAUT RANG :

	Sous.	Deniers.
Trois moutons	20	»
Deux oies.	4	4
Douze poulets	5	6
Pour la façon de deux pâtés de perdreaux.	»	10
En lait et en œufs pour la fromentée. . .	2	6
Pour un pain de sucre fin, pesant 4 livres, à 9 sols 2 deniers la livre	38	4
Un quarteron de canelle.	5	»
Un quarteron de poivre.	2	6

3º LE 4 JANVIER 1492, JEAN BOURRÉ, L'UN DES GÉNÉRAUX DES FINANCES SOUS LOUIS XI ET CHARLES VIII (1), ÉTANT A PARIS, Y DÉPENSA, POUR SON DINER ET CELUI DE SA MAISON :

	Sous.	Deniers.
En pain	5	»
— vin.	7	6

(1) Il avait été choisi par le premier de ces rois pour gouverneur des château et ville de Montaigu, en Bas-Poitou, après qu'il les eût acquis de la famille de Belleville.

	Sous.	Deniers.
— demi-mouton	10	»
— une pièce de bœuf.	2	»
— deux chapons	5	10
— deux connils (lapins de garenne)	10	»
— saucisses	5	10
— choux	»	4
— poires	»	10
— sucre	»	7
Un fromage	2	2
Sel	»	8
Un quarteron de bourrée et demi-quarteron de coutrets, pour la cuisine et le chauffage.	6	»

4º Le dimanche, 8 juillet 1492, trois ambassadeurs (1) envoyés au roi Charles VIII par la mairie d'Angers, au nom des manants et habitants de la dite ville, dépensèrent :

A Cléry, à dîner.

	Sous.	Deniers.
En pain	»	10
En vin.	3	4
Une épaule de mouton, 4 poulets et une pièce de mouton bouilli.	7	6
Cerises, verjus, vinaigre et belle-chère.	»	20
Pour la dinée des chevaux	6	»

A Orléans, à souper.

	Sous.	Deniers.
En pain	»	20
Neuf pintes de vin.	11	3
Cinq poulets et trois pigeons	7	6

(1) Chacun d'eux était accompagné d'un secrétaire et d'un valet.

	Sous.	Deniers.
Un levraud et deux perdreaux	5	»
Une épaule de mouton	2	6
Belle-chère, cerises, verjus, vinaigre, et en beurre pour oindre les chevaux . . .	4	»
Pour la soupée de six chevaux et trois surcroîts	13	»
Aux valets et chambrières	»	10

SOCIÉTÉ D'ÉMULATION DE LA VENDÉE

ASSEMBLÉE GÉNÉRALE DE 1869

COMPTE-RENDU DES TRAVAUX

DE LA SOCIÉTÉ

L'Assemblée générale annuelle de la Société a eu lieu le 25 août dans la grande salle de la Mairie de Napoléon.

M. de Puiberneau, président, avait à sa droite M. Alfred Le Roux, ministre de l'Agriculture et du Commerce, président du Conseil général de la Vendée, et à sa gauche, M. le Préfet.

Dans l'assistance on remarquait MM. les Conseillers généraux ; M. Domenget, secrétaire-général de la préfecture ; MM. les curés de Napoléon et de Saint-Florent-des-Bois ; M. l'abbé Ferd. Baudry ; M. l'Inspecteur d'Académie ; M. le Receveur général ; M. Le Grand, archiviste du département, et plusieurs notabilités de la Vendée.

M. Legrip, secrétaire-général, a lu un résumé excellent des travaux de la Société d'Emulation pendant la dernière année. Nous reproduisons ce compte-rendu sérieusement étudié, élégamment écrit, et qui a été très-sympathiquement accueilli par l'Assemblée.

Son Exc. M. le ministre de l'Agriculture et du Commerce a prononcé ensuite une courte allocution, bienveillante pour tous. Dans cette improvisation, où la finesse du sentiment s'alliait à la parfaite urbanité des paroles, M. Alfred Le Roux a donné les plus vifs encouragements aux esprits d'élite qui s'appliquent à l'étude des monuments et des illustrations du pays vendéen.

Ont été réélus, à la presque unanimité des suffrages :

Président, M. de Puiberneau ; — Secrétaire-général, M. Legrip ; — Trésorier, M. Biraud.

Section d'Agriculture. — Président, M. Pervinquière ; — Secrétaire, M. Berthault.

Section d'Horticulture. — Président, M. Ch. Berland ; — Secrétaire, M. Biraud.

Section d'Archéologie. — Président, M. Paul Marchegay ; — Secrétaire, M. l'abbé Ferd. Baudry ; — Secrétaire-adjoint, M. Léon Ballereau.

Le bureau s'est installé, puis diverses lectures ont été faites : — la première par M. l'abbé Jean-Jacques Rousseau, en vers très-réussis, ayant pour titre, l'*Homme des Champs;* — la seconde, pleine d'intérêt, par M. Mourain de Sourdeval, sur M. le baron de l'Espinay ; — la troisième, par M. Constant Merland, qui a retracé avec autant de lucidité que de pénétration la vie de M. Baudry-d'Asson, dit de *Saint-Gilles.* Baudry-d'Asson fut l'un des défenseurs les plus convaincus des théories de Port-Royal.

Cette originale physionomie prendra place dans une galerie de portraits du Bas-Poitou, que M. Berland se propose de publier.

On avait déposé dans la salle de réunion différents objets découverts récemment dans les puits funéraires du Bernard. On remarquait principalement des vases gaulois ou gallo-romains et un quadrige gravé en creux sur une pierre de jaspe.

Depuis l'année 1854, date de sa fondation, la *Société d'Emulation de la Vendée* a rendu de grands services à l'agriculture, à l'industrie, à l'histoire et à l'archéologie. Les travaux de plusieurs de ses membres ont été très-appréciés par les agronomes, les économistes et les savants des Sociétés européennes les plus autorisées. Ses publications sont dignes de la plus sérieuse attention. Afin de contribuer à l'efficacité de son action, nous prions les spécialistes éminents qui l'honorent de leur concours, de vouloir bien nous faire de temps à autre quelques communications. Nous serions heureux de travailler, dans la mesure de nos moyens de publicité, à ce prosélytisme scientifique qu'il est du devoir de la presse d'entretenir.   C. M.

Voici le compte-rendu de M. Legrip :

« MESSIEURS,

« Chargé par notre honorable Président du compte-rendu des travaux de la Société d'Emulation, je me suis demandé si son choix ne s'était pas égaré en s'adressant à moi pour remplir une mission qui eut été assurément mieux confiée à l'un de nos collègues dont la vive intelligence, la grande sagacité d'esprit et la plume brillante savent si bien élucider et dépeindre les idées les plus abstraites, les faits les plus obscurs, les opinions les plus controversées.

« Je me suis efforcé de réunir dans un cadre aussi succint que possible l'ensemble de ces travaux, et si involontairement j'avais commis quelque omission, vous voudrez bien suppléer à mon insuffisance.

« Notre dernier annuaire, celui dont j'ai à vous entretenir aujourd'hui, n'est point resté au-dessous de ses devanciers.

« En parcourant les savants articles qui le composent, vous avez reconnu sans doute que le culte du passé conserve toujours parmi nous des partisans dévoués et émérites.

« Remercions-les, Messieurs, de leur précieux concours et d'une ardeur que rien ne peut ralentir. Recueillir des matériaux pour l'histoire du pays, réunir les débris d'un temps qui n'est plus, sous quelque forme qu'ils se présentent, mettre au jour des documents inédits, rechercher dans les chartes et les anciennes archives tout ce qui peut éclairer sur l'état des personnes et des choses, et faire sortir de l'ombre qui les couvre des faits ignorés jusqu'alors : telle est leur unique ambition. Pour eux, point de difficultés insurmontables. Les lectures les plus arides les attirent ; là, plus que partout ailleurs, l'imprévu leur ménage surprises sur surprises , et après bien des heures, souvent même bien des jours de pénibles recherches, ils se trouvent assez payés de leurs labeurs, si, grâce à eux, quelques aperçus nouveaux, quelques faits oubliés viennent éclairer d'un jour inattendu un point encore obscur de l'histoire de notre province.

« Au premier rang, cette année, parmi les hommes éclairés et de bon vouloir qui poursuivent courageusement le dépouillement de nos collections historiques, permettez-moi d'inscrire le nom de M. Constant Merland. Ce n'est point, du reste, un inconnu que je veux vous présenter. Vous avez tous lu ces intéressantes notices dont il nous gratifie depuis longtemps et qui, certes, ne sont pas les morceaux les moins goûtés de notre Recueil. La Vendée compte peu d'enfants qui lui soient plus sincèrement attachés. Sa chère patrie est pour lui l'objet d'une préoccupation constante, et son nom réveille à tout instant dans son cœur des échos à peine assoupis. Aussi serait-ce montrer de l'ingratitude que de lui refuser nos éloges, quand nous le voyons s'imposer la tâche de sauver de l'oubli nos illustrations les plus marquantes. Combien son exemple ne devrait-il pas trouver d'imitateurs dans notre belle contrée !

« Les biographies qu'il nous a présentées jusqu'ici attestaient une main des plus exercées unie à la maturité du talent. La vie du général Belliard, publiée dans l'annuaire de 1867, ajoute un nouveau chapitre à l'œuvre multiple qu'il se propose d'élever à toutes nos gloires, et je ne crois pas trop dire en avançant qu'il n'en est point de mieux réussie.

« Il est vrai que rarement sujet plus digne d'inspirer son auteur se présenta sous la plume d'un historien. Le général Belliard est un de ces hommes dont le nom commande à tous le respect et l'admiration, et qui sont, pour le pays qui les a vus naître, un éternel sujet de légitime orgueil. Aussi la ville de Fontenay-le-Comte, en lui érigeant une statue, a-t-elle voulu en quelque sorte attirer sur son brave citoyen l'attention de la postérité.

« Je me garderai bien de refaire, après M. Merland, la vie du général Belliard. Que deviendrait ma froide esquisse, nécessairement incomplète, à côté des pages brillantes et animées qu'il consacre à son héros? Les qualités que notre honorable Président, excellent juge en pareille matière, se plaisait à reconnaître l'an dernier dans les notices sur le capitaine Guiné et le vicomte de Lézardière, se retrouvent ici à un degré plus élevé, s'il est possible. Je préfère vous laisser sous le charme d'une lecture qui vous entraîne ; car, si c'est une belle vie que celle de Belliard, la plume élégante et facile de son biographe n'a pas peu contribué à nous y intéresser davantage encore. Depuis la bataille de Jemmapes, où il se distingue comme chef d'état-major de Dumouriez, nous voyons notre compatriote mêlé à presque tous les évènements qui portèrent si haut à cette époque le nom de la France. Il parvient rapidement, et, on peut le dire, malgré lui, aux premiers grades de l'armée, et se fait remarquer en Italie, en Egypte, en Espagne, en Allemagne, etc., partout et toujours, autant par son intégrité que par son brillant courage, la sûreté de son coup dœil et sa ténacité.

« Suivez-le à Arcole, où il sauva la vie de Bonaparte ; en Egypte, où le savant paraît à côté du guerrier, signant la glorieuse capitulation du Caire ; à Austerlitz ; où il mérite d'être proclamé *brave parmi les braves* , à Iéna, à Stuttgard, dont il s'attache la reconnaissance par sa conduite généreuse ; à Madrid, dont il sait contenir les esprits irrités par sa modération et sa fermeté ; en Russie, où éclatent encore son sang-froid et son intrépidité ; à Leipzig, et pendant la campagne de France, où il fait, comme toujours, des prodiges de valeur ; nulle part, vous ne le verrez faillir aux sentiments d'honneur et de patriotisme qui distinguaient ses pères et que ses descendants conservent religieusement, comme la plus belle portion de leur héritage.

« La Belgique, où il accepta plus tard le poste d'ambassadeur, n'a pas oublié la large part qu'il prit à son indépendance, et sa mort prématurée fut un jour de deuil pour le pays tout entier.

« Comment donc ne point admirer cette vie active de près d'un demi-siècle, qui fut si dignement remplie? Aucune guerre importante de la République et de l'Empire à laquelle il n'ait participé, aucun champ de bataille où il n'ait versé son sang. Les boulets ennemis semblaient l'avoir pris pour point de mire, et il n'eut pas moins de dix chevaux tués sous lui.

« Aussi, quelle haute estime avait du comte Belliard, Joseph Bonaparte, Murat et Napoléon lui-même, qui jamais ne déversa sur sa conduite le moindre blâme, alors que, sur son rocher de Sainte-Hélène, de grand capitaine devenu grand historien, il jugeait avec une sévère impartialité la plupart de ses anciens compagnons d'armes.

« Cependant, Belliard ne fut pas seulement un vaillant capitaine; il sut allier aussi aux qualités de l'homme public

les vertus de l'homme privé. D'une bienveillance et d'une
sensibilité sans bornes, mais au besoin d'une fermeté iné-
branlable, il avait puisé au foyer domestique l'élévation de
caractère et les principes de droiture qui font le bon citoyen.
Sa générosité égalait son désintéressement. Modeste autant
que brave, plutôt que de mettre en évidence sa personna-
lité, il préféra toujours paraître ignorer un incident auquel
il avait pris une part honorable, et toujours il resta fidèle
à la recommandation que lui avait faite son père, de servir
son pays sans ambition et de sacrifier en toute circonstance
son intérêt personnel au bien général. Combien d'autres
l'auraient oubliée à sa place ! et que de courages invincibles
devant l'ennemi n'a-t-on pas vu faiblir, et, cédant à une
insatiable avidité, ternir par de honteuses défaillances tout
un passé glorieux !

« M. Merland, en écrivant la biographie du général
Belliard, a donc rendu un nouvel hommage à l'une de nos
gloires militaires les plus pures, et à ce titre seul nous ne
saurions trop lui en savoir gré. Mais il ne s'est pas conten-
té d'en retracer la noble existence ; il a eu l'heureuse idée
de faire suivre son travail d'une série de lettres émanées du
général ou qui lui sont adressées, et d'autres documents de
nature à éclairer l'histoire et à justifier tout le bien qu'il
dit de notre illustre compatriote. La lecture de ces lettres
nous le fait aimer encore plus, et malgré nous, nous son-
geons à ces grands hommes de l'antiquité dont Plutarque
nous a laissé les hauts faits pour modèles, et qui jamais,
même au milieu de leurs plus grandes préoccupations, ne
purent être distraits des affections de la famille.

« Belliard ne cessa de montrer pour les siens la plus
tendre sollicitude, dans nos désastres comme dans nos
victoires ; et la Vendée, vers laquelle se reportaient si
souvent ses regards et qu'il aurait tant désiré rendre riche
et prospère, devra toujours se rappeler avec reconnaissance
les énormes sacrifices qu'il s'imposa pour introduire chez

nous la race des mérinos. Pourquoi donc de si dispendieux efforts n'ont-ils abouti qu'à un insuccès ? M. Merland nous l'apprend sans doute ; mais avant lui, notre digne président de la section d'agriculture, M. Pervinquière, attaché au noble général par les liens d'une étroite parenté et d'une sincère affection, nous avait déjà retracé, en 1859, dans un Mémoire où l'intérêt grandit à chaque pas, les diverses péripéties d'une tentative faite avec une louable persévérance, et nous félicitons M. Merland d'y avoir renvoyé le lecteur pour une foule de détails qui eussent déparé son récit.

Je termine, Messieurs, cette appréciation bien imparfaite de l'œuvre si estimable de notre confrère ; mais, auparavant, laissez-moi vous rappeler qu'au mois de janvier dernier, la Société de statistique de Niort décerna à M. Merland une médaille d'or pour le *Recueil d'Illustrations vendéennes* qu'il avait soumis à son examen. La vie de Belliard y figurait à côté de neuf autres biographies encore inédites. Le charme du style et l'éloquente impartialité avec laquelle sont décrites des existences si disparates, fixèrent tout d'abord le choix de la Commission et firent décerner à leur auteur cette flatteuse distinction dont nous devons tous être fiers, car M. Merland est un des plus fermes et des plus savants soutiens de notre Société. Son zèle continu pour les études historiques et sa féconde activité méritaient depuis longtemps une autre récompense que nos éloges et nos applaudissements ; et nous sommes d'autant plus heureux de voir nos jugements sur ses mérites littéraires confirmés par une Société voisine, que l'Empereur vient de lui accorder une distinction plus honorable encore pour les services éminents qu'il a rendus à ses concitoyens durant sa longue carrière médicale. La Société d'émulation tout entière lui en témoigne, par ma voix, ses félicitations les plus chaleureuses, et s'associe de grand cœur à ce témoignage public d'estime qui vient chercher dans sa retraite le plus modeste, peut-être, mais non pas le moins digne de ses membres.

« L'histoire près de laquelle je me suis longtemps attardé oubliant, je l'avoue, dans la société de notre aimable confrère, que je m'exposais à lasser votre patience ; l'histoire, dis-je, nous conduit à la paléographie.

« Cette science qui exige des connaissances si variées et si étendues, et qui, pour être cultivée avec succès, demande avant tout un esprit. d'élite, est réellement la sœur de l'histoire ; et toutes deux se prêtent un mutuel appui. Ses plus dignes représentants en Vendée sont, sans contredit, MM. Marchegay et Mourain de Sourdeval, et ces deux érudits, dont la sagacité et le talent ne font jamais défaut quand il s'agit de consulter les archives des temps passés, ont apporté, comme d'habitude, leur contingent à la composition de notre dernier annuaire.

« M. Marchegay continue ses recherches historiques sur le département de la Vendée, et publie cette année seize nouvelles pièces inédites, dont l'intérêt égale celles des volumes antérieurs. M. Marchegay n'est pas seulement un savant, il sait aussi se faire lire. Il est de ceux qui s'imaginent, non sans raison, que la science ne perd point de son prestige lorsqu'elle se rend intelligible à tous, et que l'agrément de la forme, loin de nuire à la solidité du fond, gagnera plutôt de nouveaux adeptes, dégoûtés jusque-là par un langage trop uniforme et trop austère. Aussi a-t-il toujours soin de colorer d'un style vif et élégant l'aridité de son travail, et fait-il précéder chacun des documents qu'il sauve de l'oubli, de notices pleines de faits et destinées à les expliquer.

« Si je ne craignais, Messieurs, de dépasser les bornes assignées à ce rapport, j'aimerais à parcourir avec vous chacun de ces nouveaux morceaux, dont aucun ne peut nous sembler indifférent. Mais, puisqu'il faut se borner, laissez-moi du moins attirer votre attention sur quelques-uns des plus curieux.

« C'est d'abord une charte de 1108. Pierre II, évêque de Poitiers, nous raconte les conséquences funestes pour le pays du débat qui s'était élevé entre les deux abbayes de Luçon et de Saint-Michel-en-l'Herm. On sait qu'elles se disputaient le domaine de la Dune, qui devint plus tard un des plaisants séjours de la Popélinière, et que le pape Pascal II lui-même n'avait pu terminer le différend. Le prélat poitevin fut plus heureux, et adjugea à l'abbaye de Luçon un domaine dont la perte l'exposait aux incursions des pirates qui débarquaient souvent à l'embouchure du Lay. Ce document nous est d'autant plus précieux que, pendant les guerres religieuses du moyen-âge, les chartes qui concernaient ces deux abbayes furent en parties détruites, et il constate que la baronie de Luçon dépendait alors des seigneurs de Parthenay, tandis que le territoire de Saint-Michel relevait du sire de Mauléon et du vicomte de Thouars.

« Ailleurs, nous apprenons ce qu'on entendait par le mode de succession noble usité entre la Dive et la mer, et connu sous le nom de droit de retour. D'après cette coutume, inconnue dans le reste de la France, mais que mentionne M. Imbert dans sa dernière notice sur les vicomtes de Thouars, les fiefs ne passaient pas du père au fils aîné, mais successivement, en suivant l'ordre de naissances, à chacun des frères puînés du défunt ; et c'était seulement par le décès du dernier d'entre eux que le fils aîné de l'aîné réunissait l'usufruit à la nue-propriété. Espérons que les deux documents publiés à ce sujet par M. Marchegay convaincront les historiens modernes qui ont récemment contesté la justesse des assertions de M. Imbert.

« Le souvenir des guerres désastreuses qui, de tout temps, ont désolé le Bas-Poitou, se retrouve à chaque instant sous la plume de M Marchegay.

« En 1371, le château de Palluau, en lutte avec la Bretagne, se défend contre les agresseurs, non-seulement avec

des arbalètes, mais encore par le canon, fait remarquable
et rare pour le Poitou à cette époque.

« En 1468, les Bretons reparaissent devant Saint-Gilles
et y commettent d'affreux ravages, Louis de Belleville en
rend compte à Louis XIII, peu de temps après la prise
d'Alençon ; et si nous citons cette lettre du seigneur
de Montaigu, c'est qu'elle témoigne de la façon la plus
éclatante de son dévouement à son souverain et de son
patriotisme.

« Bien des années auparavant, en 1425, à une époque où
notre pauvre roi Charles VII n'était plus que le petit roi de
Bourges, on avait vu deux vaisseaux anglais défaits devant
le fort breton de l'Ile-d'Yeu par un navire d'Olonne que
montaient de valeureux marins.

« M. Marchegay nous apprend bien d'autres choses encore ; mais je préfère vous laisser le plaisir de chercher
vous-mêmes ; et surtout, Messieurs, n'oubliez pas de réclamer à notre habile paléographe l'engagement qu'il a pris
de donner un pendant à son travail sur le prieuré de Saint-
Laurent. Celui de Cheffois n'a point encore eu d'historien ;
priez-le de lui en servir. Et qui pourrait être mieux rensei-
gné ? N'est-ce pas lui qui vient d'en découvrir les traces
jusqu'au milieu du Dauphiné ?

« De son côté, M. Ch. de Sourdeval a enrichi le volume
qui nous occupe de deux pièces inédites.

« La première est la copie d'un Vidimus (du 18 nov. 1425)
de la vente de la ville, châtellenie et terre de la Roche-sur-
Yon, faite par Yolande, reine de Jérusalem et de Sicile, duchesse d'Anjou, à Pierre de Beauveau, chevalier, le 21 octobre 1423.

« Nous apprécions d'autant plus la publication de ce
document important, extrait du dossier du prieuré de Saint-
Lienne, aux archives départementales de la Vendée, que
M. l'abbé Auber, le savant historiographe de Poitiers, a

omis de rapporter la date de cette vente dans sa notice de la Roche-sur-Yon, qui parut naguère dans les bulletins de la Société des Antiquaires de l'Ouest.

« Chemin faisant, M. de Sourdeval, pour qui notre histoire locale ne cache aucun secret, et dont la vaste érudition nous est si précieuse, a eu soin de nous renseigner sur la descendance de Pierre Ier de Beauveau, et de nous apprendre comment la terre de la Roche-sur-Yon passa dans la famille des Bourbons-Montpensier, et arriva par héritage à la Grande-Mademoiselle, si célèbre au temps de la Fronde.

« Plus loin, sous le titre de *Documents sur l'Ile-d'Yeu*, le même savant dresse une liste détaillée des seigneurs qui l'on possédée aux différentes époques de son histoire. Nous la voyons d'abord gouvernée par les seigneurs de la Garnache jusqu'au milieu du XVIe siècle environ, où l'aliénation de cette seigneurie se fait par la branche cadette de Rohan, avec réserve de la mouvance sur le fief principal. Les deux familles de Rieux et de Rochechouart s'y succèdent l'une à l'autre jusqu'en 1785, époque à laquelle les Rochechouart-Mortemart vendent au roi leurs droits sur l'Ile-d'Yeu pour la somme d'un million qui ne fut jamais payé.

« Ici se place un détail intéressant, je dirai même piquant, dont nous savons gré à M. de Sourdeval. La Révolution confisqua le domaine récemment acheté et le vendit, à l'exception toutefois du château, que sa position au milieu des flots fît dédaigner de l'officier chargé d'opérer la saisie. La famille de Rochechouart eut beau réclamer sous la Restauration et le Gouvernement de Juillet les conséquences de la vente de 1785, ses plaintes furent continuellement rejetées, et, chose incroyable ! le château lui-même, qui n'avait été ni saisi, ni revendu, lui fut toujours refusé.

« Cet article sur l'Ile-d'Yeu, qui sera consulté avec fruit, même après les études de MM. de la Fontenelle, Savari et de Sainte-Hermine, se clôt par une liste des principaux gouverneurs, lieutenant et sénéchaux de l'Ile, de 1634 à 1722.

« Avec M. l'abbé Baudry, curé du Bernard, nous tombons en pleine antiquité et dans le domaine de l'archéologie et de la numismatique. Ai-je besoin de refaire devant vous, Messieurs, l'éloge de notre estimable confrère? Vous connaissez tous, mieux que je ne saurais le dire, le zèle et la persévérance que, depuis plus de dix ans, cet actif et heureux chercheur apporte dans ses explorations sur le territoire de son petit chef-lieu ecclésiastique ; et vous n'avez pas attendu mes paroles pour apprécier la sollicitude intelligente avec laquelle il dresse l'inventaire des civilisations qui se sont superposées dans notre pays.

« Nous le retrouvons encore cette année sur la colline de Troussepoil, où il continue à fouiller ses puits funéraires, qui ont fait époque dans le monde savant.

« Le IX⁰, dont il nous parle d'abord, fut découvert par lui à la fin d'octobre 1866, et le X⁰ lui apparut dans le courant de juillet 1867. C'est surtout de ce dernier qu'il nous donne une description minutieuse, car il le fait entrer en parrallèle avec les fosses sépulcrales de grande dimension qui lui ont fourni précédemment les meilleurs résultats.

« Je ne le suivrai pas dans le récit de ses découvertes et de leurs différentes péripéties. Il me suffira d'ajouter qu'avec un pareil guide l'intérêt ne languit pas un seul instant et que M. Baudry a le mérite de nous charmer, même en traitant un sujet qui semble des plus ardus.

« Les objets qu'il trouve enfouis dans ces nouveaux puits (vases entiers ou brisés, bronzes, cachets, hameçons, petites bulles,-ossements d'animaux) ne font que donner plus de force à ses affirmations antérieures, et je ne crois pas qu'en face d'une évidence si victorieusement démontrée, on puisse plus longtemps mettre en doute l'existence des sépultures gallo-romaines dans nos contrées.

« D'après M. Baudry, le Xe puits funéraire renfermait, en bas, la sépulture d'un chef de villa, descendant dans la tombe avec son coq, son bœuf et son cheval, et en haut, la sépulture d'une ou de plusieurs femmes emportant avec elles leurs petites bulles en bronze et en plomb ; peut-être même celle d'un personnage d'une autre catégorie auquel pouvaient être réservés les hameçons.

« Sans admettre complètement les conclusions de M. Baudry qui, cependant, si elles peuvent paraître hasardées, n'en sont pas moins ingénieuses, permettez-moi, Messieurs, de le remercier en votre nom de son dévouement à la science, et des résultats, honorables pour notre Société, qu'il obtient chaque année par des recherches si habilement dirigées.

« Je ne citerai que pour mémoire les deux autres petites fosses sépulcrales, fouillées par lui en 1867, et dont il nous entretient un instant à la suite de ses puits funéraires, et passerai, sans plus tarder, avant de terminer ce rapport déjà trop long, à la crosse abbatiale de Luçon. Il s'agit ici d'une correspondance établie entre M. l'abbé Baudry et M. Léon Ballereau, architecte. Voici à quelle occasion.

« En 1847, M. Ballereau, parcourant un jour le préau de l'ancien cloître de l'abbaye de Luçon, heurta du pied le couvercle brisé d'un tombeau qui, en s'écartant, mit à découvert un objet brillant. Quelle ne fut pas sa surprise en retirant de la poussière une crosse byzantine, en cuivre doré, enrichie d'émaux, qui semblait dater de la fin du XIIe ou du commencement du XIIIe siècle. A côté de la crosse gisait un petit marteau en bronze, d'environ quatre centimètres de hauteur. M. Bœswilwald, architecte diocésain, entre les mains duquel cet objet précieux fut déposé, en fit don au musée de Cluny, où il figure sous le n° 2023.

N'aurait-il pas été préférable, ainsi que le regrette avec raison M. Ballereau, qu'il fût resté dans notre département, où il serait devenu la perle de notre musée ? Quant au marteau, il fait partie de la collection de M. le curé du Bernard.

« Notre savant archéologue, consulté par M. Ballereau sur cette crosse et sa provenance, est disposé à penser qu'elle a été fabriquée et émaillée dans l'abbaye même de Luçon. D'après lui, la présence du marteau qui se trouve avec elle dans le tombeau indiquerait que l'abbé près duquel il fut placé fut le fondateur tout au moins d'une partie de l'église du monastère qu'il gouvernait. Il part de là, et d'inductions en inductions, laissant concorder entre elles l'époque de la fabrication de la crosse, un des beaux spécimens de l'émaillerie sous Philippe-Auguste, et celle de la construction du bras nord du transept, qui est sans contredit le morceau d'architecture le plus achevé que le moyen-âge ait légué à la ville de Luçon, il arrive à cette conclusion : La crosse mise au jour par M. Ballereau a dû appartenir à l'abbé Evrard, qui administra l'abbaye avec une rare intelligence depuis 1199 environ jusqu'en 1219, et c'est grâce à son bon goût, dont il a donné tant de preuves, que l'église s'enrichit de son admirable transept.

« Vous le voyez, Messieurs, l'archéologie vient souvent en aide à l'histoire, qu'elle complète ou rectifie. Je n'en veux d'autre témoignage que ce tombeau d'abbé qui atteint bientôt la proportion d'un évènement historique, et vient jeter une vive lumière sur un fait ignoré de nos annales.

« Je termine ici, Messieurs, le compte-rendu que je vous devais de l'état de notre Société et de ses travaux. Permettez-moi d'accorder en finissant un souvenir de sincère regret à ceux de nos confrères dont la mort nous a cruellement séparés. Sur la liste funèbre, nous trouvons cette année des noms d'autant plus regrettables que ceux qui les ont portés avaient su conquérir l'estime et l'affection générale.

« C'est M. Abel Pervinquière, jurisconsulte habile et maître éminent, dont la perte ne fut pas seulement un malheur de famille, mais un deuil public. Il nous laisse le souvenir d'une existence honnêtement, utilement remplie par le travail et la pratique de toutes les vertus, honoré par les plus rares exemples de désintéressement et d'abnégation.

« C'est M le général baron de Lespinay, dont l'esprit droit et juste, le caractère bienveillant et ferme s'exercèrent toujours à la pratique du bien, en temps de guerre comme en temps de paix, au milieu des devoirs publics comme au foyer domestique.

« C'est M. Jules Piet, dont vous avez pu apprécier les nombreux travaux sur les fouilles pratiquées à Noirmoutier sa patrie.

« Enfin M. Esgonnière, Aristide, termine cette liste déjà trop longue des confrères dont nous déplorons la perte.

« De tels vides sont difficiles à combler. C'est donc à nous, Messieurs, de redoubler d'ardeur pour que l'importance toujours croissante de nos travaux invite à se ranger autour de nous tous ceux qui, dans la Vendée, conservent l'amour des études sérieuses et de notre histoire nationale. »

TABLE DES MATIÈRES

La Roche-sur-Yon, imp. L. Gasté.